주님께 드리는
내 영혼의 고백시 365

이 소중한 책을

특별히 ________________ 님께

드립니다.

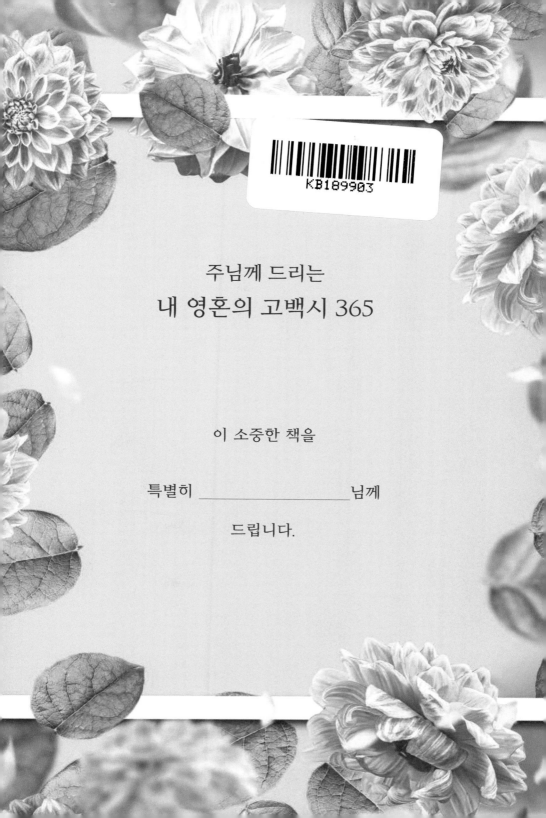

주님께 드리는
내 영혼의 고백시 365

강영희 지음

나침반

들어가는 글

조금은 하나님께 드리고 싶어서…

모든 면에서 부족한 사람의 글입니다. 그것도 시의 형식을 빌면서 시다운 글이 되지 못해 마음은 시리지만 그래도 조금은 하나님께 드리고 싶어서 쓴 글로 만족하면서 인사를 드립니다.

다만 하나님 앞에 이 글을 통해 고백을 드린 것만으로 감사하면서 하나님이 기뻐 받으시는 줄 믿고 이렇게라도 마음을 드리고 싶어 하는 저의 작은 마음을 이해해 주시면 감사하겠습니다.
비록 서툴고 부족한 글이지만 하나님께 드리기 위한 제 마음이 끝내는 글을 쓰는 사고를 치고야 말았습니다. 그러나 비록 서툰 글이지만 하나님을 기쁘게 해드릴 수 있다는데 그 의미를 두고 싶습니다.

그리고 이 글을 읽는 분들께 하나님의 은혜가 가득하시기를 소원하면서 이 글을 바칩니다. 매우 부족하지만 하나님을 사랑하는 마음으로 하나님을 높여드리기 위해 쓴 글이라는 것을 이해해 주시고 끝까지 읽으시고 믿음의 도움이 되시기를 간절히 기도합니다. 감사합니다.

– 강영희 드림

차례

제3부 … *213*

제4부 … *315*

제1부

"할렐루야 여호와께 감사하라 그는 선하시며
그 인자하심이 영원함이로다"
- 시편 106편 1절

1

믿음

믿음으로 산다는 것은 주님께 맡기는 것
생각과 감정을 맡기고 마음과 의지를 맡기고

재능 재질을 맡기고 하루 시간을 맡기며
매 순간 말씀을 받고 말씀을 믿고 가는 것

주님으로 산다는 것은 자아를 맡기는 것
육신의 몸과 지혜와 지식을 맡기며 가는 것

우리의 모든 것 주님께 맡기기만 하면
새로워지는 마음 새롭게 열리는 우리 믿음

"… 너희가 내 말에 거하면 참으로 내 제자가 되고"(요 8:31)

2

채움

빈 마음에 하나를 채우고
다시 또 채우면서 나가면
마음에 오는 은혜와 사랑

하늘의 은혜가 사무치게
밀려드는 벅찬 하루 속에
주님이 주시는 하늘 평안

또다시 하나를 더 채우면
차곡차곡 쌓이는 그 은총
마음 가득한 은혜의 말씀

또다시 채우면 오는 은혜
쌓고 또 쌓으면서 나가는
믿음으로 가는 영성의 길

"찬송하리로다 하나님 곧 우리 주 예수 그리스도의 아버지께서 그리스도 안에서 하늘에 속한 모든 신령한 복을 우리에게 주시되"(엡 1:3)

부르심

주님은 우리를 부르신다 날마다 어디서나
주님 음성이 들리면 우리는 기뻐해야 한다

주님은 우리로 따르라고 하신다 분초마다
주님 말씀 연결되면 우리는 감사해야 한다

주님은 우리를 찾으신다 날마다 목쉬게 아프게
주님이 따르라고 하시면 우린 순종해야 한다

주님은 우리를 이끄신다 그러면 어디에서나
주님을 믿고 사는 굳센 우리가 되어야 한다

"맡은 자들에게 구할 것은 충성이니라"(고전 4:2)

4

은혜로

언제나 은혜로
깨고 일어나고 일을 한다

매사에 은혜로
매 순간 기쁘게 즐기며 산다

은혜가 없으면
쇠약해지는 몸과 마음보며

은혜로 가고
은혜로 살아야 건강해진다

은혜의 사람은
은혜를 먹고 은혜로 나간다

그리고 은혜로 살면
영혼이 깬다 믿음이 산다

“이전 것은 지나갔으니 보라 새 것이 되었도다“(고후 5:17)

5

오늘도

오늘도
고즈넉이 고개 들어 주님만 바라보면
그곳은 은혜로운 하늘나라

오늘도
주님을 의지하면서 늘 주님께 나가면
기뻐하시는 사랑의 주님

오늘도
벅찬 기쁨으로 주님 앞으로 달려가면
안아주시는 우리 주님

오늘도
진정으로 간절하게 나가면 들리는 음성
내가 너를 사랑하노라 그리고

오늘도
내가 너를 잊지 아니하노라 하시면
들리는 말씀 때문에 생동하는 그 믿음

"내가 여호와를 기다리고 기다렸더니
귀를 기울이사 나의 부르짖음을 들으셨도다"(시 40:1)

6

낮은 길

삶이란 착하면서 유순하게
따스한 존재가 되어주는 것

따스한 그 언어 미소 마음
늘 친절하게 대해 주는 것

뜨거운 불에 타서 재가 된
까만 숯덩이의 삶을 보며

불이 붙으면 타오르는 사랑
그 속으로 들어가 보았는지

자신을 불사르게 섬기다
남은 것은 검은 연기와 재

우리도 그 모범을 따라서
살아갈 준비되어 있는지

우리가 가야 하는 낮은 길
기쁘게 따라갈 준비되는지

"사람이 친구를 위하여
자기 목숨을 버리면 이보다 더 큰 사랑이 없나니"(요 15:13)

7

평강

슬며시
성령의 훈풍이 불어오면
피어나는 몸과 마음

어느덧
성령의 능력이 내려오면
풀어지는 나의 영혼

날마다
성령의 싱그러움 속에
은혜로 촉촉해지는 영혼

주님의
변함없는 사랑 그 속에
큰 은총이 밀려들면

비고 빈
마음은 이미 하늘 그곳
주님 계시는 평강의 나라

"하나님의 평강이 그리스도 예수 안에서
너희 마음과 생각을 지키시리라"(빌 4:7)

8

소리

은혜 안에서
목자들이 부르는 소리
선견자가 외치는 소리

말씀이 은혜 되는 소리
영혼이 펄럭이는 소리

말씀이 차 넘치는 소리
영이 듣는 생명의 소리

믿음 안에서
말씀이 영이 되는 소리
영혼이 파동이는 소리

복음을 전하는 그 소리
영혼이 태동하는 소리

진리가 소생하는 소리
영혼이 생명 되는 소리

"누구든지 내 음성을 듣고 문을 열면 내가 그에게로 들어가
그와 더불어 먹고 그는 나와 더불어 먹으리라"(계 3:20)

9

부정

우리 믿음으로 산다는 것은
주님 주시는 선물이지 내 힘 아니다

번개같이 스치는 생각
그것은 주님의 것이지 내 힘 아니다

가만히 마음을 드리면
들리는 말씀은 전적 나의 힘 아니다

어떤 어려움이 닥쳐도
그것은 주시는 길이지 내 힘 아니다

스쳐 가는 그 지혜
전적인 은혜인 것이지 내 힘 아니다

기뻐하는 우리 마음도
주님의 사랑인 것이지 내 힘 아니다

"무릇 하나님께로부터 난 자마다 세상을 이기느니라
세상을 이기는 승리는 이것이니 우리의 믿음이니라"(요일 5:4)

10

시련

시련이 믿음을 일구는 도구라면
고난은 성화로 가는 길

우리 가는 길에 닥치는 시련은
주님을 만나는 귀한 기회

시련 속에 도우시는 주님 보며
온 마음과 정성을 드릴 때면

하늘이 주는 기쁨과 평화 평강
고난 속에 오는 희열

고난을 이기는 힘든 그 인생에
마음은 외롭고 힘들어도

고난 속에 오는 연달하는 믿음
성장으로 나가는 우리 믿음

"시험을 참는 자는 복이 있나니…
생명의 면류관을 얻을 것이기 때문이라"(약 1:12)

나의 마음

많이 서럽다 그 소망이 없어서
많이 슬프다 그 기쁨이 없어서
많이 외롭다 그 사랑이 없어서

그러나

매사 새롭다 그 말씀 하나만으로
매사 기쁘다 그 믿음 하나만으로
매사 벅차다 그 진리 하나만으로

지금은

늘 감사하다 주님 한 분 믿음으로
늘 만족하다 주님 한 분 소망으로
늘 풍성하다 주님 한 분 사랑으로

"오직 나와 내 집은 여호와를 섬기겠노라"(수 24:15)

12

정

따스한 눈길을 보내주면
그 온정에 마음이 고맙고

은밀히 차가운 손 잡아주면
그 정감에 마음이 풀린다

가고 오는 정 마주치면서
주고받는 사랑이 들어오면

세상은 그리 차지 않은 곳
마음도 편해지고 정이 든다

그 보내는 눈길 내미는 손
나도 보내고 손잡아 주면서

가다가 보면 솟아나는 신뢰
그러면 그 사랑이 깊어진다

"하나님은 사랑이시라 사랑 안에 거하는 자는
하나님 안에 거하고 하나님도 그의 안에 거하시느니라"(요일 4:16)

13

깨달음

부지깽이보다도 못한 사람이
헛된 근심으로 세월을 보내다 보니
주신 믿음 안에서 세상 관념이 무너진다

무지렁이보다도 못한 사람이
내 힘으로 가는 재미로 살다 보니
주신 믿음 안에서 세상 지식이 부서진다

흔들리는 갈대보다 못한 사람이
좋아하는 것만 찾아다니다 보니
주신 믿음 안에서 세상 흥미가 깨어진다

속이 빈 쭉정이보다 못한 사람이
겉 사람을 따라서 살아가다 보니
주신 믿음 안에서 세상 욕망이 사라진다

"주의 증거들은 영원히 의로우시니
나로 하여금 깨닫게 하사 살게 하소서"(시 119:34)

14

승리

주님
제 마음에 극히 작은 근심 하나라도
믿음으로 잘 넘어가면 승리의 개가를
부르게 해주소서

주님
오늘 하루 극히 나쁜 생각 하나라도
믿음으로 잘 다스리면 승리의 개가를
부르게 해주소서

주님
오늘 하루 삶에서 작은 회의 하나라도
믿음으로 잘 극복하면 승리의 개가를
부르게 해주소서

주님
우리 인생에 극히 작은 실패 하나라도
믿음으로 잘 이겨내면 승리의 개가를
부르게 해주소서

"너희 행악자들이여 나를 떠날지어다
나는 내 하나님의 계명들을 지키리로다"(시 119:115)

겨울

어느덧 그 인생이 흘러가고
봄 여름 가을 가고 겨울이 오면
얼굴에는 세월이 지나간 자국

어느덧 그 추운 겨울이 오면
홀로 가는 인생 외로운 길에
머리에는 세월이 스쳐 간 모습

인생의 쓸쓸한 겨울 문턱에서
사방에 따스한 기운이 사라진
고독하고 서러운 겨울 아침에

모닥불을 한가득 피워주면서
시리고 아픈 마음을 살펴 줄
그 사람은 과연 어디에 있나

따스한 마음 진정으로 웃으며
얼어붙고 차가운 마음 안아 줄
그 사람은 과연 그 누구인가

"네 길을 여호와께 맡기라 그를 의지하면 그가 이루시고"(시 37:5)

16

성도다운 성도

주님은 나를 사용하신다
소용되는 대로 필요한 대로
주님 원하시면 다 드려야 한다

감추어진 것 모두 드리면
차곡차곡 쌓이는 은혜의 보화
영성의 열매가 자태를 드러낸다

형형색색의 고운 열매가
나래를 치면 나도 덩달아 나래 치며
마음이 부푼다 주님을 따른다

아름다운 하늘 열매에
마음이 물들면 풍성하게 누리며
주님 의지한다 주님 사랑한다

"내게 주신 모든 은혜를 내가 여호와께 무엇으로 보답할까"(시 116:12)

그 삶

나의 마음 안에
감당치 못할 은혜가 마음을 끌어당기면
우리 삶은 매우 풍성해진다

나의 하루 안에
감당치 못할 그 말씀이 마음을 두드리면
우리 삶은 매우 만족해진다

나의 삶 안에
감당치 못할 은총이 마음을 붉게 물들면
우리 삶은 땅을 박차고 일어난다

나의 인생 안에
감당치 못할 능력에 마음 부풀어 오르면
우리 삶은 하늘로 뛰어오른다

나의 믿음 안에
감당치 못할 사랑이 마음을 가득 채우면
우리 삶은 저 나라로 날아오른다

"너희는 그 은혜에 의하여 믿음으로 말미암아 구원을 받았으니
이것은 너희에게서 난 것이 아니요 하나님의 선물이라"(엡 2:8)

18

문

우리 순종한다고 해도
그대로 안 되는 사람

그대로 행하지 못하는
전적 무기력한 믿음

그대로 따라가지 못하는
도무지 무능한 사람

그대로 살아가지 못하는
부족하고 무지한 사람도

그대로 따라가기만 하면
열리는 은혜의 문

그대로 순종하기만 하면
열리는 영생의 문

"이는 여호와의 문이라 의인들이 그리로 들어가리로다"(시 118:20)

꽹과리

하루를 불사르고 시간을 불사르게 드려도
거기에 주님 사랑이 없으면 소리만 나는 꽹과리

물질을 불사르고 그 젊음을 불사르게 드려도
거기에 주님 믿음이 없으면 소리만 나는 꽹과리

마음을 불사르고 영혼을 불사르게 드려도
거기에 주님 은혜가 없으면 소리만 나는 꽹과리

신앙을 불사르고 인생을 불사르게 드려도
거기에 주님 십자가가 없으면 소리만 나는 꽹과리

"모든 성도들이 너희에게 문안하되 특히 가이사의 집 사람들 중 몇이니라
주 예수 그리스도의 은혜가 너희 심령에 있을지어다"(엡 4:23-24)

20

진실

나의 외모
그 볼품이 하나 없어도
곁에서 내 말을 들어 준다는 것
그것만이 참된 친구입니다

나의 성품
그 됨됨이 하나 못 되어도
곁에서 나와 함께 먹어준다는 것
그것만이 참된 우정입니다

나의 자격
그 능력이 하나 없어도
곁에서 나와 함께 놀아 준다는 것
그것만이 참된 진정입니다

나의 육신
그 인자함이 하나 없어도
곁에서 나와 함께 있어 준다는 것
그것만이 참된 사랑입니다

"오직 너희 자신을 죽은 자 가운데서 다시 살아난 자 같이 하나님께 드리며
너희 지체를 의의 무기로 하나님께 드리라"(롬 6:13)

폭포수

은혜의 폭포수
마음에 온유 겸손이 가득 들어오면
마음은 저 하늘을 나는 꽃망울이 하나

은총의 폭포수
마음에 지혜 지식이 가득 들어오면
마음은 기쁘게 떠가는 꽃구름 하나

사랑의 폭포수
마음에 사랑과 자비 가득 들어오면
마음은 온 땅을 적시는 꽃향기 하나

성령의 폭포수
마음에 불길 같은 은혜가 들어오면
마음은 세상을 바꾸는 꽃바람 하나

영혼의 폭포수
마음에 진리와 생명이 가득 들어오면
마음은 영혼이 피어나는 꽃송이 하나

"그 날에 죄와 더러움을 씻는 샘이
다윗의 족속과 예루살렘 주민을 위하여 열리리라"(슥 13:1)

22

척박함

나의 형편을 돌아보니
가장 척박한 땅속에 심어져
그 땅의 척박함을 알게 하시고

나의 척박한 삶 속에서
가장 척박한 환경으로 보내어
그 환경의 척박함을 경험시키는

미생물 하나 거할 수 없는
척박한 일이 무엇을 말하는지
깨닫고 아는 그 현장에서

나의 척박함도 보여주시면
굳고 척박한 마음을 극복하면서
주님 앞으로 나가는 사람

나의 척박함을 이기면서
믿음으로 살아가는 그 길에
척박한 마음에 오시는 주님 은혜

"누구든지 그리스도 안에 있으면 새로운 피조물이라
이전 것은 지나갔으니 보라 새 것이 되었도다"(고후 5:17)

자람

시련이 오든지 말든지
내맡기는 귀한 믿음에

충성과 인내로 나가면
정도 은혜도 깊어진다

무엇이 오든지 말든지
마이동풍 굳센 믿음에

너 지키신다고 하시면
마음도 영도 자라난다

무엇이 힘든지 말든지
세상 이기는 힘은 믿음

주님 따라가는 마음에
능력 오면 새로워진다

"우리가 마음에 뿌림을 받아 악한 양심으로부터 벗어나고 몸은 맑은 물로 씻음을 받았으니 참 마음과 온전한 믿음으로 하나님께 나아가자"(히 10:22)

24

무지

주님 이제 되돌아보니
우리 인생의 모든 외로움과 슬픔이
주님의 음성이라는 것 알지 못했습니다

주님 이제 되돌아보니
우리 인생의 모든 공허와 갈증이
주님의 마음이라는 것 알지 못했습니다

주님 이제 되돌아보니
우리 인생의 모든 좌절과 실패가
주님의 큰 은혜라는 것 알지 못했습니다

주님 이제 되돌아보니
우리 인생의 모든 질병과 고난이
주님의 사랑이라는 것 알지 못했습니다

주님 이제 되돌아보니
우리 지혜 지식이 넘쳐난다 해도
주님 진리가 다라는 것 알지 못했습니다

"우리는 뒤로 물러가 멸망할 자가 아니요
오직 영혼을 구원함에 이르는 믿음을 가진 자니라"(히 10:39)

보호

은혜의 주님
나의 시공 그 어디에서
천방지축 죄를 먹으며 살아가는
이 나를 바라보고 계시나요

능력의 주님
나의 마음 그 어디에서
좌충우돌 서로 부딪치며 살아가는
이 나를 주목하고 계시나요

사랑의 주님
나의 영혼 그 어디에서
냉정하고 무뎌서 차갑게 살아가는
이 나를 살펴보고 계시나요

구원의 주님
나의 인생 그 어디에서
거짓과 위선과 자만으로 살아가는
이 나를 지켜보고 계시나요

"하나님은 영이시니 예배하는 자가 영과 진리로 예배할지니라"(요 4:24)

26

산 소망

주님 저는
매우 부족한 사람이지만
소망 시냇가에서 거니시는
생명의 주님을 속히 만나고 싶어요

주님 저는
믿음이 어린 신앙이지만
가시떨기 불 가운데 나타나시는
능력의 주님을 속히 만나고 싶어요

주님 저는
말씀을 잘 듣지 못하지만
밧모 섬 요한에게 말씀하시는
말씀의 주님을 속히 만나고 싶어요

주님 저는
무지몽매한 죄인이지만
십자가 사랑으로 역사하시는
구원의 주님 속히 만나고 싶어요

"하늘에서는 주 외에 누가 내게 있으리요
땅에서는 주 밖에 내가 사모할 이 없나이다"(시 73:25)

고백

주님 저는
바르지 못한 것이 너무 많은
세상 풍락에 물들어 즐기며 살아가는
분수를 모르는 속된 큰 죄인입니다

주님 저는
세상 어떤 사람보다 더 악하고
자기 유익과 만족을 구하며 나아가는
사리 분간을 못 하는 큰 죄인입니다

주님 저는
세상 유혹과 즐거움에 젖어 살며
육신의 만족을 바라고 기뻐 찾아가는
믿음을 모르는 매우 큰 죄인입니다

주님 저는
믿음을 모르고 세상을 바라면서
세상 복락과 부귀영화만 좋아 따라가는
주님을 모르는 극히 큰 죄인입니다

"오라 우리가 서로 변론하자 너희의 죄가 주홍 같을지라도
눈과 같이 희어질 것이요 진홍 같이 붉을지라도 양털 같이 희게 되리라"(사 1:18)

소원

나의 삶 속에
그 기쁨 하나 없어도
믿음으로 나가는 외로운 그 길에
주님을 만나면 너무 좋겠습니다

나의 삶 속에
그 힘든 시련이 와도
슬프게 나가는 서러운 영혼에게
주님이 계시면 너무 좋겠습니다

나의 삶 속에
그 소망 하나 없어도
믿음으로 가는 연약한 마음속에
주님을 느끼면 너무 좋겠습니다

나의 삶 속에
그 기댈 곳 하나 없어도
끊임없이 나가는 어려운 그 길에
주님이 오시면 너무 좋겠습니다

"주의 장막에 머무를 자 누구오며 주의 성산에 사는 자 누구오니이까
정직하게 행하며 공의를 실천하며 그의 마음에 진실을 말하며"(시 15:1-2)

가는 길

지금은
계속 가고 또 가야지
물러서면 안 된다

여기가 끝인 줄 알고
짐을 덥석 풀지만
그냥 끝내면 안 된다

우리 시선은
가고 또 나가면서
세상을 바라보지만

믿음이 아니면
아닌 것을 알기에
다 포기하는 그 길에

믿음이 자라서
은혜가 오면 좋겠다
주님 만나면 너무 좋겠다

"믿음의 선한 싸움을 싸우라 영생을 취하라
이를 위하여 네가 부르심을 받았고"(딤전 6:12)

30

오직 주님

나에게 가진 것 하나 없어도
그리고 그 높은 지식 하나 없어도
오직 주님만 계시면 다 됩니다

나에게 혈연 지연 하나 없어도
그리고 그 부귀영화 하나 없어도
오직 주님만 계시면 다 됩니다

나에게 자랑할 것 하나 없어도
그리고 그 드러낼 것 하나 없어도
오직 주님만 계시면 다 됩니다

나에게 좋은 사람 하나 없어도
그리고 그 귀한 건강 하나 없어도
오직 주님만 계시면 다 됩니다

"믿음으로 말미암아 그리스도께서 너희 마음에 계시게 하시옵고"(엡 3:17)

생명의 말씀

주님은 오늘도
진리 창고에서 말씀으로 먹여주신다

오곡백과 풍성한
생명의 말씀으로 가득히 채워주신다

먹을 때마다 생명이 살아나는 말씀을
끈질기게 씹어 먹으면

단물이 흐른다 마음의 양식이 된다
영혼에 샘이 터진다

나를 먹고 마시는 자는 그 배에서
영생하도록 솟아나는 샘물이 되리라

주님은 우리를
하늘의 만나로 늘 배부르게 먹이신다

"여호와의 증거들을 지키고
전심으로 여호와를 구하는 자는 복이 있도다"(시 119:2)

32

기원

믿노라면 잘 되는 날이
돌아오겠지

믿으면 은혜로 사는 날이
돌아오겠지

잘 믿다가 정말 안 되면
쉬어 가고

쉬다가 그래도 안 되면
그냥 주저앉아도

가고 또 가다 보면
되는 날이 돌아오겠지

우리 주님 만나는 날이
반드시 돌아오겠지

"여호와는 의로우사 의로운 일을 좋아하시나니
정직한 자는 그의 얼굴을 뵈오리로다"(시 11:7)

꿈

좋은 꿈을 매일 꾸고 싶다 답답하니까
푸르고 높은 하늘에서 늘 훨훨 나는 꿈

방초동산 위에서 활기차게 춤을 추는 꿈
높은 산 위에서 맑은소리로 노래하는 꿈

우거진 숲속에서 삶의 소망을 일구는 꿈
그러나 이 모든 것이 다 헛되다고 말해도

나는 주님 만나는 꿈을 날마다 꾸고 싶다
주님 사랑 안에 사는 꿈을 매일 꾸고 싶다

"위의 것을 생각하고 땅의 것을 생각하지 말라
이는 너희가 죽었고 너희 생명이 그리스도와 함께 하나님 안에 감추어졌음이라"
(골 3:2-3)

34

사망 권세

나의 영혼이
낙심하고 절망할 때
어둠 권세 이기는 힘은 오직 말씀
말씀만 의지하면 놀라는 어둠 권세

나의 영혼이
두렵고 떨려 힘들 때
말씀 은혜만 오면 사라지는 어두움
말씀만 믿고 나가는 담대한 믿음

나의 영혼이
불안하고 두려울 때
우리 도우시는 하나님만 바라보며
말씀 능력이 오면 물러가는 어두움

나의 영혼이
어둠에 눌리어 힘들 때
어둠 권세 벗어나는 힘은 오직 말씀
말씀만 붙들면 떠나가는 사망 권세

"이스라엘이여 너는 행복한 사람이로다 여호와의 구원을 너 같이 얻은 백성이
누구냐 그는 너를 돕는 방패시요 네 영광의 칼이시로다 네 대적이
네게 복종하리니 네가 그들의 높은 곳을 밟으리로다"(신 33:29)

꽃

시련과 고난이
믿음에는 유익이라는 것
이전에는 알지 못했습니다

눈꽃 에델바이스
꽃 한 송이 피우기 위해
한겨울 온갖 풍상 겪으며

시련을 통과하는
고통스러운 그 속으로
마중 나오시는 우리 주님

한겨울 아름다운 꽃
피우기 위해 애쓰는 곳에
사랑 안고 오시는 주님

눈꽃 에델바이스
피는 곳에 오시는 주님을
이전에는 전혀 몰랐습니다

"너희는 여호와의 선하심을 맛보아 알지어다
그에게 피하는 자는 복이 있도다"(시 34:8)

36

주님으로

나의 모든 일도 쉬는 일도
오직 주님으로

나의 모든 아픔도 슬픔도
오직 주님으로

나의 모든 수고도 괴로움도
오직 주님으로

나의 모든 능력도 지식도
오직 주님으로

나의 모든 그 환경도 삶도
오직 주님으로

나의 모든 믿음도 인생도
오직 주님으로

"다른 이로써는 구원을 받을 수 없나니 천하 사람 중에
구원을 받을 만한 다른 이름을 우리에게 주신 일이 없음이라"(행 4:12)

향기

향기 나는 마음 향기 나는 웃음
소리 없이 사랑의 향기가 퍼지면
마음이 바로 펴지고

향기 나는 표정 향기 나는 언어
알 듯 모를 듯 착한 향기가 나면
마음은 미소가 퍼지고

향기 나는 섬김 향기 나는 친절
한없이 사랑 향기가 밀어 닥치면
마음은 곧 방긋 웃고

향기 나는 믿음 향기 나는 사람
알게 모르게 고운 향기가 나면
마음은 금방 활개를 치고

"우리는 구원 받는 자들에게나 망하는 자들에게나
하나님 앞에서 그리스도의 향기니"(고후 2:15)

38

헛됨

우리가
주님 안에서 그 생각이 무너지면
그 마음의 헛됨을 압니다

우리가
주님을 만나서 그 관념이 무너지면
그 자아의 헛됨을 압니다

우리가
주님의 은혜로 그 상식이 무너지면
그 육신의 헛됨을 압니다

우리가
주님을 찾다가 그 건강이 무너지면
그 인생의 헛됨을 압니다

우리가
주님을 믿다가 그 행복이 무너지면
그 세상의 헛됨을 압니다

"네 길을 여호와께 맡기라 그를 의지하면 그가 이루시고"(시 37:5)

기다리고

주님을 기다리고 또 기다리고
기다린다는 것은 길고 긴 고통

마음속에 주님 사랑을 기다리고
주님 예수 그리스도를 기다리고

오늘 하루도 말씀을 기다리면서
내일도 주님을 진실로 기다리고

기다린다는 것은 마음에 큰 기쁨
주님의 은혜와 은총을 기다리고

마음에 오시는 주님을 기다리고
내 삶에 오시는 생명을 기다리고

기다리면서 산다는 것은 큰 소망
말씀을 기다리고 주님을 기다리고

"내가 산을 향하여 눈을 들리라 나의 도움이 어디서 올까
나의 도움은 천지를 지으신 여호와에게서로다"(시 121:1-2)

40

믿음뿐

나의 모든
그 모습이 아무리 좋아 보여도
그것을 다스리는 힘은 믿음뿐입니다

나의 모든
그 생각이 아무리 정당해 보여도
그것을 분별하는 힘은 믿음뿐입니다

나의 모든
그 계획이 아무리 좋아 보여도
그것을 바로 보는 힘은 믿음뿐입니다

나의 모든
그 행실이 아무리 바르게 보여도
그것을 넘어가는 힘은 믿음뿐입니다

나의 모든
그 성공이 아무리 좋아 보여도
그것을 극복하는 힘은 믿음뿐입니다

"우리가 믿음으로 행하고 보는 것으로 행하지 아니함이로라"(고후 5:7)

불투명

주님은
어디로 가십니까 하고 물어도
나의 가는 곳을 너는 알지 못한다

주님은
언제나 제게 오시렵니까 물어도
내가 오가는 것을 너는 알지 못한다

주님
오심을 매일 항상 기다리는데
나에게 좀 속히 오십시오 애원하지만

나의
가는 곳을 알지 못한다 하시는
주님만 보고 가야 하는 이 믿음의 길

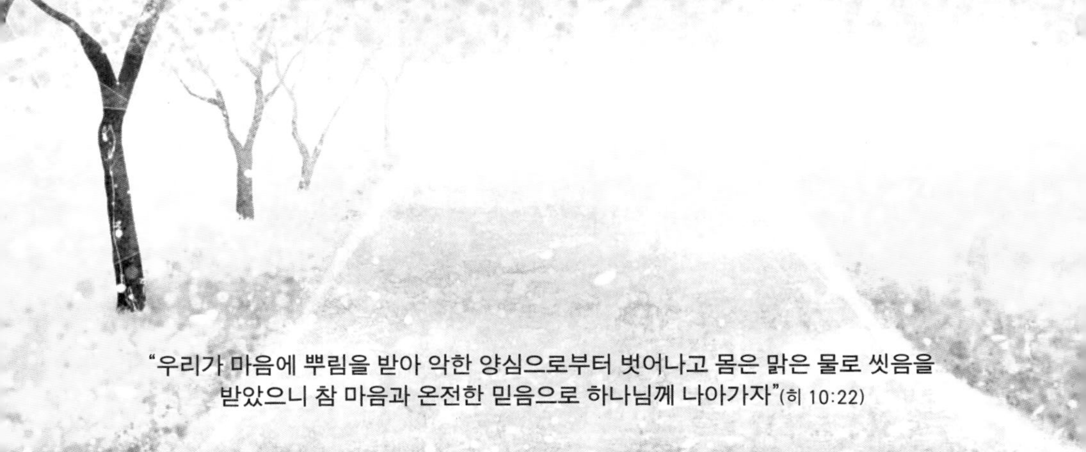

"우리가 마음에 뿌림을 받아 악한 양심으로부터 벗어나고 몸은 맑은 물로 씻음을 받았으니 참 마음과 온전한 믿음으로 하나님께 나아가자"(히 10:22)

여행

영성 여행을 떠나야겠다
봇짐 메고 어디론가 터벅터벅

오솔길 걸어서 산 둘레 길
굽이굽이 모퉁이 지나가다가

피곤하면 바위 위에 앉아 쉬고
힘들면 풀밭에다 마음 풀고서

간단한 먹을거리 준비하고
믿음의 여행을 떠나고 싶다

아무도 모르게 뚜벅뚜벅
고단하고 질퍽한 길 찾아서

깊은 산 속으로 들어가면서
조약돌을 줍는 힘든 그 길에

맛있는 떡을 먹으면 좋겠다
생수를 마시면 너무 좋겠다

"어떻게 해서든지 죽은 자 가운데서 부활에 이르려 하노니
내가 이미 얻었다 함도 아니요 온전히 이루었다 함도 아니라 오직 내가 그리스도
예수께 잡힌 바 된 그것을 잡으려고"(빌 3:11-12)

바람

저 수평선 넘어가면 무엇이 있나
눈에 보이는 것 하나 없어도
나는 그곳으로 곧 다가가고 싶어

이 바다를 넘어서 보이지 않는 곳
나를 기다려 줄 사람 하나 없어도
나는 그곳으로 속히 뛰어가고 싶어

나를 기다리고 계실 주님을 찾아서
나를 반가워할 사람 하나 없어도
나는 그곳으로 속히 떠나가고 싶어

나를 지켜주실 주님 계신 곳이라면
나는 그곳으로 지금 나아가고 싶어
그곳은 멀어도 늘 달려가고 싶어

"깨어 믿음에 굳게 서서 남자답게 강건하라"(고전 16:13)

44

나 됨이

늘 나는 나로 시작되어서
나로 마치는 그 하루 속에

나의 의미가 그 무엇인지
나를 알아가는 그 삶 속에

날마다 부족하고 바보 같은
나를 아시는 주님을 만나면

그 내가 나 됨이 기쁜 마음
나의 나 됨이 너무 감사해

주님과 주고받는 은혜 속에
연약하고 어리석은 그 나를

아시는 우리 주님을 만나면
나의 나 아는 것이 큰 은혜

"허물로 죽은 우리를 그리스도와 함께 살리셨고
너희는 은혜로 구원을 받은 것이라"(엡 2:5)

가는 곳

나의 사람아 일어나 함께 가자
꽃 피고 새 우는 아름다운 나라
어깨동무하면서 즐겁게 나가자

우리 가는 곳은 희망찬 언덕
영혼이 깨어나는 찬란한 나라
우리 서로 손잡고 걸어서 가자

나의 인생아 깨어나 함께 가자
싱그러운 꽃냄새가 풍기는 나라
우리 마음 모두어 힘차게 나가자

우리 가는 곳은 소망 찬 언덕
영혼이 깨어나면 들어가는 나라
우리 서로 정답게 뛰면서 나가자

“내가 육체 가운데 사는 것은 나를 사랑하사 나를 위하여 자기 자신을 버리신
하나님의 아들을 믿는 믿음 안에서 사는 것이라”(갈 2:20)

46

소망

주여 저는 말씀 진리의 대로에서
주님의 은혜와 사랑을 먹으면서
주님을 느끼며 살아보고 싶습니다

주여 저는 밝고 맑은 소망의 길에서
주님과 같이 자고 깨고 일하면서
주님을 누리며 살아보고 싶습니다

주여 저는 아름다운 은혜 속에서
감당치 못할 주님 생명을 누리며
주님을 그리며 살아보고 싶습니다

주여 저는 찬란한 생명 동산에서
주님과 함께 생명 실과 따먹으며
주님을 바라며 살아보고 싶습니다

주여 저는 생생한 시냇가에서
주님 주신 생명수를 먹고 마시면서
주님과 기쁘게 살아보고 싶습니다

"하늘에서는 주 외에 누가 내게 있으리요
땅에서는 주 밖에 내가 사모할 이 없나이다"(시 73:25)

하늘 보화

늘 보는 것 만지는 것마다
느껴지고 들려지는 것마다

귀중한 보화로 돌아오면
마음은 이미 은혜로운 곳

내 안의 보화 주워 담으면
그릇 한가득 성령의 열매

혼자서 먹기 싫어 나누면
바구니 가득 사랑의 열매

믿음이 열매 되어 돌아오면
영혼은 풍성한 은혜 주머니

그 주머니 사랑으로 채우면
또다시 들어오는 하늘 보화

"누구든지 그의 말씀을 지키는 자는 하나님의 사랑이 참으로 그 속에서 온전하게 되었나니 이로써 우리가 그의 안에 있는 줄을 아노라"(요일 2:5)

48

간구

나의 주님 돌같이 둔한 사람이
섬김과 희생으로 살아가다가
내 생각이 나가지 않게 도와주십시오

나의 주님 벽같이 꽉 막힌 사람이
은혜와 사랑으로 살아가다가
내 감정이 나가지 않게 도와주십시오

나의 주님 흙보다 미미한 사람이
말씀과 진리로 살아가다가
내 열심이 나가지 않게 도와주십시오

나의 주님 먼지보다 작은 사람이
진실한 믿음으로 살아가다가
내 의견이 나가지 않게 도와주십시오

"그가 내게 간구하리니 내가 그에게 응답하리라"(시 91:15)

믿음이 사는 곳

사람들은 성공을 원하나
믿음은 그 생각 무너뜨린다

세상은 부귀영화 따라가지만
믿음은 모든 것들을 넘어가야

믿음으로 가는 길은 어려워도
세상을 이기는 힘은 믿음뿐

믿음의 사람은 죽어도 살겠고
영원히 죽지 아니한다는 말씀

들은 것과 아는 것은 많은데
그대로 살아가지 못하니 문제

그러나 전심으로 마음 드리며
주님 따르오니 어찌하리이까

고백하는 그곳에 열리는 은혜
주님이 주신 믿음이 사는 곳

"내 영혼이 하나님 곧 살아 계시는 하나님을 갈망하나니
내가 어느 때에 나아가서 하나님의 얼굴을 뵈올까"(시 42:2)

50

헌신

가축들이 죽어서 제물이 되듯이
우리의 몸과 마음 낮추어 드리면
주님이 받으시는 산 제물과 제사

불가항력적인 피의 제단 앞에서
피 흘림 없이는 산 소망이 없는
잠잠히 못 박히는 어린 양 예수

주님이 흘리신 피가 우리 살리면
감사하며 드리는 기도 나의 소망
주님 사랑에 빚진 십자가 밑에서

눈물로 드리는 나의 진솔한 고백
나의 마음을 드리오니 만져주소서
나의 생명을 드리오니 받아주소서

"우리도 형제들을 위하여 목숨을 버리는 것이 마땅하니라"(요일 3:16)

간절한 기도

제가 주님 앞으로 돌아가오니
저를 조금만 생각하여 주십시오

세상에서 이 몸을 지탱하려고
힘쓰던 모든 일의 헛됨을 알고

다 버리고 주님께 돌아가오니
나를 아주 버리지 말아 주십시오

정욕으로 뭉친 몸 마음을 비우며
모든 것을 주님께 맡기기만 하면

주님이 다 해주시는 줄 아오니
나를 아주 버리지 말아 주십시오

진정으로 몸과 마음 정성 다해
주님 앞으로 간절하게 나가오니

저의 연약한 마음 기억해 주시고
나를 영원히 잊지 말아 주십시오

"그가 내게 간구하리니 내가 그에게 응답하리라"(시 91:15)

기다림

간신히 붙들고 버티던 하루
삶의 한 줄기 끈이 풀어지면

허탄한 마음 서러운 길에서
낙심하고 추락하는 나의 영혼

무심히 흐르는 시간 사이로
얼굴을 내밀어 창밖을 보면

무정한 마음 무정한 환경이
차가운 마음 스치고 나갈 때

내가 너를 지극히 사랑하노라
주시는 말씀에 기운을 차리면

불현듯 소생하는 몸과 마음
주신 음성에 솟아나는 기쁨과 소망

"오직 나와 내 집은 여호와를 섬기겠노라"(수 24:15)

열리고

믿음으로 마음이 열리고
영이 열리면 다 되는 사람

눈이 열리고 귀가 열리고
입이 열리면 영혼이 열려

지혜와 지식이 열리면서
말씀으로 나가는 그 길에

영의 지각으로 가는 사람
영의 말씀으로 가는 사람

말씀이 영으로 통달되면서
영혼의 눈이 열리는 사람

말씀으로 사는 영의 사람
영으로 가는 믿음의 사람

"너희 이름이 하늘에 기록된 것으로 기뻐하라"(눅 10:20)

추수

이삭을 주워 담듯이
글을 주워 담는다

논밭에 떨어진
글 부스러기를 주우면

한 소쿠리 가득
영혼의 양식이 된다

이삭을 주워 담듯이
말씀을 주워 담는다

추수하다가 떨어진
말씀 부스러기 주우면

한 바구니 가득
생명의 양식이 된다

"눈물을 흘리며 씨를 뿌리는 자는 기쁨으로 거두리로다"(시 126:5)

탄식

세상만사 다
부와 명예로 되는 줄 알았지
누가 믿음으로 되는 줄 알았나

세상만사 다
혈연 지연으로 되는 줄 알았지
누가 주님으로 되는 줄 알았나

세상만사 다
세상을 따라 세상으로 나가는
세상만 생각하던 세상 사람이

믿음이면 된다는 것
왜 일찍 말해 주지 않아
왜 그렇게 슬프게 살았나

왜 믿음을 모르고
왜 그렇게 힘들게 살았나
왜 이 은혜 모르고 어렵게 믿었나

"오호라 나는 곤고한 사람이로다 이 사망의 몸에서 누가 나를 건져내랴"(롬 7:24)

56

지름길

주님 나의 외로움과 슬픔이
믿음으로 가는 지름길인 줄 알지 못했습니다

주님 나의 시련과 실패와 고생이
믿음으로 가는 지름길인 줄 알지 못했습니다

주님 나의 모든 번민과 애증이
믿음으로 가는 지름길인 줄 알지 못했습니다

그리고

나의 가난한 몸과 마음이
주님이 계시는 거처인 줄 알지 못했습니다

나의 서글픈 삶의 질고가
주님이 계시는 거처인 줄 알지 못했습니다

나의 비천한 인생과 영혼이
주님이 계시는 거처인 줄 알지 못했습니다

"누구든지 나를 따라오려거든
자기를 부인하고 자기 십자가를 지고 나를 따를 것이니라"(마 16:24)

서로 사랑

사람들은 거의 무심하다 잘해 주지 않으면
사람들은 냉정하다 관심 가져 주지 않으면

사람은 유익으로 가고 자기 지키기 힘쓰는데
주님은 말씀하신다 너희는 서로 사랑하라고

믿음은 온유하고 자비로 사는 생명의 나라
인내와 사랑으로 가면 영혼은 다시 살아난다

죽음보다 강한 믿음은 불타는 사랑의 십자가
끝없이 마음을 비워 드리면 한 생명을 구한다

"우리가 서로 사랑하자 사랑은 하나님께 속한 것이니 사랑하는 자마다
하나님으로부터 나서 하나님을 알고… 하나님은 사랑이심이라"(요일 4:7-8)

58

구세주

변함없이 나의 그대로를 알아주는
그 사람이 진정한 나의 친구입니다

변함없이 나의 비천함을 알아주는
그 사람이 진정한 나의 형제입니다

변함없이 나의 서러움을 알아주는
그 사람이 진정한 나의 의지입니다

변함없이 나의 외로움을 알아주는
그 사람이 진정한 나의 은인입니다

변함없이 나의 모든 것 알아주는
그 주님이 진정한 나의 구세주입니다

"… 우리가 그를 기다렸으니 우리는 그의 구원을 기뻐하며 …"(사 25:9)

성숙

그대는 아는가
신비하고 은밀한 주님 나라를
영혼에 울리는 내면의 벅찬 음성을

그대는 맛보는가
말씀과 생명의 신기한 흐름을
영혼에 은밀히 들리는 주님의 음성을

그대는 경험해 보았나
말씀이 얼마나 깊고 넓은지를
말씀 앞에 죽어지는 참된 영적 경험을

그대는 들어 보았나
생명의 흐름 맛으로 사는
벅찬 주님이 예비하신 영생의 나라를

"오직 우리 주 곧 구주 예수 그리스도의 은혜와 그를 아는 지식에서 자라 가라 영광이 이제와 영원한 날까지 그에게 있을지어다"(벧후 3:18)

자족

나란 사람은 보일 것이 없으니
그저 편해

어디에 가도 나타낼 것이 없으니
속이 편해

내가 나 됨을 더 일찍 알았으면
더 편해졌을 걸

어디서나 늘 자랑할 것이 없으니
속 편한 사람

그런 마음속 속 편한 그 마음에
믿음이면 다 되는 사람

"너희로 내 안에서 평안을 누리게 하려 함이라 세상에서는 너희가
환난을 당하나 담대하라 내가 세상을 이기었노라"(요 16:33)

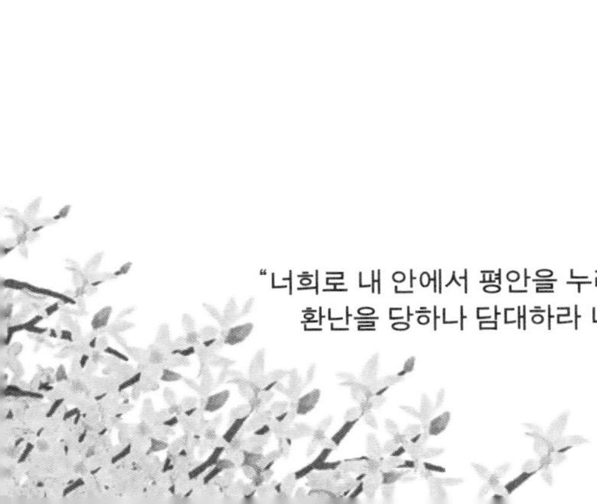

오직 믿음

우리 마음은 늘 비고 빈
물이 없어 마르고 숨쉬기 힘든 황무한 곳

영혼이 쉴 곳 없는 무정하고
거주할 성읍을 찾아가지 못하는 비천한 곳

빈 영혼은 갈 곳을 모르고
사방으로 헤매며 나가는 안식을 모르는 곳

미생물 하나 살아가기 힘든
광야 같은 마음은 삭막하고 소망이 없는 곳

외로운 영혼이 안주할 수 없는
목마르고 배고픈 영혼이 살아갈 수 없는 곳

거기서 우리 붙들 것은 오직 믿음
힘 다해 나갈 곳은 우리 주님이 계시는 곳

"너희는 마음에 근심하지 말라 하나님을 믿으니 또 나를 믿으라
내 아버지 집에 거할 곳이 많도다"(요 14:1-2)

62

미숙

이만하면 되었다고 해도
또 돌아보면 문제투성이

아무리 갖추었다고 말해도
또다시 보면 사고뭉치

이만하면 다 된 줄 알아도
여기저기 일어나는 파열음

이만하면 되었다는 사람도
그것으로 끝나면 속수무책

믿음으로 가는 그 길에서
다시 돌아보는 나의 마음

다시 돌아보는 나의 육신
부족함을 아는 나의 영혼

"행위가 온전하여 여호와의 율법을 따라 행하는 자들은 복이 있음이여"(시 119:1)

주님 한 분뿐

그 하루 모든 의욕이 상실하는 곳에서
나의 영혼이 붙들 곳은 오직 주님 한 분뿐입니다

그 순간 모든 기대가 스러지는 곳에서
나의 영혼이 의지할 곳은 오직 주님 한 분뿐입니다

그 삶 견딜 힘이 사라지는 곳에서
나의 영혼이 사모할 곳은 오직 주님 한 분뿐입니다

그 생애 모든 의욕이 소멸되는 곳에서
나의 영혼이 기대할 곳은 오직 주님 한 분뿐입니다

그 인생 모든 소망이 무너지는 곳에서
나의 영혼이 안주할 곳은 오직 주님 한 분뿐입니다

"의인들의 구원은 여호와로부터 오나니
그는 환난 때에 그들의 요새이시로다"(시 37:39)

64

은혜

믿음으로 나가는 은혜의 사람
은혜로 가고 주님 은혜로 사는

심령이 가난하고 애통하는 자
그리스도의 성품에 참예하고

말씀 사모하기를 애쓰는 자
주님으로 죽고 주님으로 사는

말씀 사명에 충실한 사람에게
내려오는 은혜가 깊어질 때면

주님 은혜로 살고 은혜로 죽는
은혜의 꿈 먹고 은혜로 나가는

우리 주님 계신 곳 소망의 나라
주님이 주신 믿음 주님의 은혜

"우리 주 예수 그리스도의 은혜를 너희가 알거니와 부요하신 이로서 너희를 위하여 가난하게 되심은 그의 가난함으로 말미암아 너희를 부요하게 하려 하심이라"(고후 8:9)

포기

시간도 하루도 삶도 다 소용이 없어
아무리 붙들려고 해도
붙잡지 못하니 그가 떠나버리기 전에
먼저 놓아버리세요
우리 마음도 사랑도 다 의미가 없어
아무리 정들려고 해도
정들지 못하니 그가 떠나버리기 전에
속히 놓아버리세요
우리 건강도 인생도 다 소용이 없어
아무리 애착을 가져도
가지지 못하니 그가 가 버리기 전에
속히 놓아버리세요
그러면 몸도 마음도 영혼도 편하니
떠나갈 그들 붙들지 말고
언젠가 떠나갈 그들 힘써 붙잡지 말고
속히 놓아버리세요
무엇이든지 놓아버리면 모두 편해지고
영혼도 다 편안해
그러니 무엇이든지 붙들려고 하지 말고
속히 놓아버리세요

"수고하고 무거운 짐 진 자들아
다 내게로 오라 내가 너희를 쉬게 하리라"(마 11:28)

신앙 현주소

너 어디서 사느냐고 물으면
나는 대답 할 바를 모른다

너 어디로 가느냐고 물어도
나의 가는 곳은 그 어디인지

하나도 모르는 사람에게
더 묻지 말라고 권하고 싶다

내가 지금 사는 그곳도
현재 있는 곳도 다 모르니

더이상 미련한 나에게
묻지 말라고 애원하고 싶다

나의 지금 신앙 현주소가
무엇인지 모르고 사니 그냥

그만 놔두라고 말하고 싶다
더 묻지 말라고 권하고 싶다

"믿음의 주요 또 온전하게 하시는 이인 예수를 바라보자"(히 12:2)

깨우침

주님, 이 헐벗고 병든 곳에서
저의 수치를 보게 해 주세요

늘 잘난 맛으로 가는 사람에게
오만과 자긍이 부서져야 된다는

그것이 참된 믿음이라는 것을
미련스런 저로 알게 해 주세요

남을 배려할 줄 조금도 모르고
육신만 알고 육신으로 일하고

어리석고 못난 육신을 가지고
육신만 항상 생각하는 사람이

그것이 깨어져야 참된 믿음이
된다는 것을 알게 해 주세요

"나의 발걸음을 주의 말씀에 굳게 세우시고
어떤 죄악도 나를 주관하지 못하게 하소서"(시 119:133)

전도

여보게 이 길로 가는데
왜 그 길로 가려고 하나

여기로 가야 하는데
왜 자꾸 저리로 걸어가나

예수님 만나러 가지는데
왜 그리 서성거리나

예수 믿으면 되는데
왜 그리 안 믿으려고 하나

여보게 예수님만 믿으면
사는 날이 열리는데

왜 자주 멈칫거리며
왜 그리 자꾸 돌아다니나

"주 예수를 믿으라 그리하면 너와 네 집이 구원을 받으리라"(행 16:31)

69

그 맛

말씀 한 구절 암송하다가
감사한 마음이 오면 그 맛이 마음을 살린다

말씀 한 요절 외우다가
신비한 은혜가 오면 그 맛이 하루를 살린다

말씀 한 장 읽고 또 읽다가
들어오는 벅차오름에 그 맛이 믿음을 살린다

말씀 속에 묻혀 지내다가
말씀 향기에 젖으면 그 맛이 생명을 살린다

말씀을 읽으면서 지내다가
말씀이 생명이 되면 그 맛이 영혼을 살린다

"주의 말씀의 맛이 내게 어찌 그리 단지요
내 입에 꿀보다 더 다니이다"(시 119:103)

70

비로소

나의 나 됨이 무엇을 말하는지
나 지켜내려고 무척 애를 쓰지만

약한 나를 끈질기게 지켜낼수록
더욱 단단해지는 사람을 보면서

우리 믿음은 그러면 안 되는 것을
믿음 안에서 절실하게 깨닫는다

사람은 강해야 살아갈 수 있지만
믿음은 우리 가는 길에 오는 은혜

믿음이 되려는 우리 모든 노력도
육신의 힘으로 되는 것이 아니라

마음이 되어야 함을 이제는 안다
믿음이 자라야 됨을 비로소 안다

"오직 우리 주 곧 구주 예수 그리스도의 은혜와
그를 아는 지식에서 자라"(벧후 3:18)

믿음의 길

다 되었다 싶으면 또 주시고
마쳤다 싶으면 다시 시작하고
누르고 누르면서 넘쳐흐르는
주님이 주시는 지혜 지식 자비

맛있게 음미할수록 더 새롭고
가득할수록 더 넘치는 은혜

넘치게 흐르면서 나가다 보면
주시는 은혜 믿음으로 가는 길

다 됐다 싶으면 또 주시고
다 찼다 싶으면 다시 채우고
넘치고 넘치면서 차서 흐르는
주님 주시는 하늘 기쁨 열매

맛있게 먹을수록 더 먹고 싶고
배부를수록 더욱 당기는 은혜

채우고 채우면서 나가다 보면
열리는 곳 믿음으로 가는 길

"내가 주는 물을 마시는 자는 영원히 목마르지 아니하리니
내가 주는 물은 그 속에서 영생하도록 솟아나는 샘물이 되리라"(요 4:14)

72

참된 일

저 한 송이 꽃을 보시나요
꽃을 만드신 분이 누구신지

미물같이 감각 없는 벌레도
생명을 주시는 분이 있는데

하나님 형상을 입은 우리가
그 누구를 닮아가야 하는지

세상의 헛된 생각에 매어서
날마다 헛되게 살아가지만

우리 만드신 창조주를 보며
하나님 높여드림이 참 믿음

우리 하나님을 경배하는 것이
우리 신자로서의 참된 할 일

"나의 양식은 나를 보내신 이의 뜻을 행하며
그의 일을 온전히 이루는 이것이니라"(요 4:34)

오늘만

나는 내일도 모른다 오늘만 이제만 안다
오늘 오늘만 하다가 속절없이 지난 세월

기나긴 그 시간이 자취 없이 흘러 떠가면
밀려드는 공허함 텅 빈 가슴 텅 빈 마음

지난 일을 돌아보며 애달프게 울고 웃으면
지나가 버린 시간과 돌아올 그 날이 허무해도

늘 주님을 바라보면 푸른 소망이 보이고
끊임없이 나가면 주님이 항상 도와주신다

"사랑하는 자들아 주께는 하루가 천 년 같고
천 년이 하루 같다는 이 한 가지를 잊지 말라"(벧후 3:8)

74

이제는 안다

내가 아니라
돌아보니 이제는 내가 밉다

믿음으로 다시 보니
나는 전혀 아니라는 것을 안다

이런 내가 이제는 미워
그 나를 부인함이 믿음이라면

나를 사랑해 주시는
주님을 믿는 것이 나의 할 일

주님 앞에만 나가기만 하면
얼마나 추한지 미운지 다 아니

그런 내가 너무 가여워서
믿어야 산다는 것 이제는 안다

"내가 네 갈 길을 가르쳐 보이고 너를 주목하여 훈계하리로다"(시 32:8)

결단

살든지 죽든지 가다 멈추는 길에
믿음이 약한 사람에게

너희도 나처럼 가려느냐 물으시면
주님을 따라갈 준비

주님 가시는 길로 잠잠히 나가면서
마음으로 추락할 준비

주님을 따라가는 영혼의 질고 속에
땅속으로 내려갈 준비

너희도 나처럼 죽으려느냐고 하시면
주님을 따라 죽을 준비

육신의 틀 넘어 주님을 따라갈 준비
지금 너는 되고 있는가

"내가 확신하노니 사망이나 생명이나 천사들이나 …
다른 어떤 피조물이라도 우리를 우리 주 그리스도 예수 안에 있는
하나님의 사랑에서 끊을 수 없으리라"(롬 8:38-39)

76

연단

늘 천방지축인 사람이
사방에서 엎어터지면서

항상 힘쓰는 것을 보니
그 주님이 달라 보이나

우리 믿음으로 가려면
심령의 극심한 시련을

한고비씩 넘어가면서
늘 낙심하고 죽어지는

그 고통의 맛을 모르면
믿음으로 어찌 살아가나

좌충우돌하는 시련 없이
어떻게 믿음이 성장하나

"십자가의 도가 멸망하는 자들에게는 미련한 것이요
구원을 받는 우리에게는 하나님의 능력이라"(고전 1:18)

보혈

주님 십자가 보혈만이 마음의 시름 씻어주네
영혼의 슬픔 다 씻어주네

주님 십자가 보혈만이 서러운 일 이기게 하네
모든 상처를 이기게 하네

주님 십자가 보혈만이 어두운 마음 덮어주네
마음의 한을 다 덮어주네

주님 십자가 보혈만이 나의 죄 다 도말해주네
모든 불의한 죄 사해 주네

주님 십자가 보혈만이 나의 영혼을 살려주네
죄로 물든 영혼 살려주네

"법을 따라 거의 모든 물건이 피로써 정결하게 되나니
피흘림이 없은즉 사함이 없느니라"(히 9:22)

78

육신

무엇을 보아도 나만 생각하는 사람
나의 육신의 한계

육신에 갇혀서 육신으로 살아가고
육신만 아는 사람

육신이 소중해서 육신에 걸려 사는
육신의 헛된 사람은

언제나 무너져 강한 육신을 이기고
새 마음으로 사나

마음 강한 육신 바뀌어 변화되어서
믿음으로 돌아가나

"육으로 난 것은 육이요 영으로 난 것은 영이니"(요 3:6)

돌아봄

어디서나 나의 육신을 가지고 그동안
얼마나 자고하게 굴었는지

육신을 받들고 육신을 지키려고 애쓰며
얼마나 힘들게 살았는지

육신의 종이 되어 육신을 받들고 사는
그 노예 같은 삶

그러나

믿음 안에서 육신과 마음을 맡기면서
영혼의 낮아짐이 무엇인지

육신의 비천한 십자가 고통 그 속으로
내려가는 아픔이 무엇인지

강한 육신 이기며 가는 길이 무엇인지
아는 것이 바로 우리의 믿음

"너희는 먼저 그의 나라와 그의 의를 구하라
그리하면 이 모든 것을 너희에게 더하시리라"(마 6:33)

80

생명 시냇가

오늘도
맑은 소망 시냇가에서
깊고 푸른 시냇물에 손을 담그면
밝고 맑아지는 나의 영혼

오늘도
잔잔하게 흐르는 시냇가에서
맑고 높은 하늘을 바라보기만 보면
새롭게 살아나는 나의 영혼

오늘도
아름다운 시냇가에서
발 담그고 몸 씻다가 새 힘이 나면
새롭게 피어나는 나의 영혼

오늘도
밝고 밝은 생명 시냇가에서
맑고 따뜻한 사랑의 꿈을 그리다가
하늘 향수에 젖는 나의 영혼

"내 영혼아 여호와를 송축하며 그의 모든 은택을 잊지 말지어다"(시 103:2)

우리 할 일

사람들은 좋아하면 따라가지만
믿음은 비워버리고 벗어버려야

세상은 항상 올라가야 하지만
믿음은 내려가고 또 내려가야

사람은 가진 것을 자랑하지만
믿음은 가진 것 없는 것이 복

사람은 유익하면 따라다니고
손해면 모두들 떠나버리지만

변함없이 따라가는 것이 믿음
주님 따르는 것이 우리 할 일

"너희는 믿음 안에 있는가 너희 자신을 시험하고 너희 자신을 확증하라"(고후 13:5)

섬김

늘 이기려고 하지 말자
져주는 것이 믿음이라면

알아주고 인정하는 것이
또한 우리의 믿음이라네

어디서고 자랑하지 말자
낮추는 것이 믿음이라면

세워주고 믿어 주는 것이
또한 우리의 믿음이라네

어디서나 높아지지 말자
비우는 것이 믿음이라면

항상 보살펴주는 것이
우리의 바른 믿음이라네

"누구든지 자기를 높이는 자는 낮아지고
누구든지 자기를 낮추는 자는 높아지리라"(마 23:12)

인내

마음은 언제 어느 때까지
또 기다리면서 기다리는데

오늘도 내일도 언제 오시어
주님 사랑으로 안아 주실지

늘 기다리고 또 기다리면서
주님을 항상 바라보는 마음

주님은 아시는지 모르시는지
내 마음을 보시는지 아닌지

주님을 언제까지 기다리면서
세월은 무정하게 흘러가는데

오시지 않아 애쓰는 그 길에
오실 듯 말 듯 애타는 마음

"인내를 온전히 이루라 이는 너희로 온전하고 구비하여
조금도 부족함이 없게 하려 함이라"(약 1:4)

기도

주님
자기 포장과 자기 위선이
죄인 줄 모르는 어리석은 사람에게
이 죄를 아는 능력을 허락해 주소서

주님
자기 유익과 자기 과욕이
죄인 줄 모르는 무심한 사람에게
이 죄를 아는 말씀을 허락해 주소서

주님
자기 자만과 자기 탐욕이
죄인 줄 모르는 무능한 사람에게
이 죄를 아는 지혜를 허락해 주소서

주님
자기 허영과 자기과시가
죄인 줄 모르는 미련한 사람에게
이 죄를 아는 믿음을 허락해 주소서

"갓난 아기들 같이 순전하고 신령한 젖을 사모하라 이는 그로 말미암아
너희로 구원에 이르도록 자라게 하려 함이라"(벧전 2:2)

새 자아

믿음은 힘이 전혀 아니다
그런데 내 자아가 나가면서

내 힘 사용함이 문제
늘 자아로 가야 편안한 사람

육신의 자아로 나아가면
믿음으로 가는 길은 멀어져

믿음은 자신의 자아와 싸우고
자아를 물리치고 쟁취하는 것

그러나 주님을 바라보면서
자아를 뉘우치고 돌이킬 때면

열리는 새로운 자아
주님이 열어주시는 은혜의 문

"그러므로 형제들아 우리가 빚진 자로되
육신에게 져서 육신대로 살 것이 아니니라 너희가 육신대로 살면
반드시 죽을 것이로되 영으로써 몸의 행실을 죽이면 살리니"(롬 8:12-13)

붙드세요

늘 헛된 것에 끌리지 않도록
거친 육신을 믿음으로 붙드세요

보기에는 바르게 보여도
또다시 자꾸 보아도 속 빈 강정

육신이 소용없는 것을 아니
속된 그 나를 믿음으로 붙드세요

자만으로 가득한 육신을
믿음으로 단속하고 물리치면서

거짓 것에서 속히 벗어나
악한 그 나를 믿음으로 붙드세요

"무릇 하나님의 영으로 인도함을 받는 사람은 곧 하나님의 아들이라"(롬 8:14)

생명 나라

기도와 말씀 찬송이 있으니
너무나 행복스런 오늘 하루

그곳에 주님의 사랑이 오면
가득하게 채워지는 하늘 은총

거기에 주님 생명이 흐르면
넘쳐나는 은혜로 사는 사람

마음은 바람 되어 날개치고
영혼은 구름 타고 날아오르면

마음이 기뻐서 노래 부르는
믿으면 내려오는 생명 나라

"우리 구주 예수 그리스도로 말미암아
우리에게 그 성령을 풍성히 부어 주사"(딛 3:6)

88

죄인

교만한 속성이
드러나서 마음을 어지럽힌다면
그것은 바로 못된 죄인이기 때문

아무리 바르게
살아도 헛되고 텅 빈 속이라면
그것은 바로 못된 죄인이기 때문

삶이 주는 많은
근심이 죄인 줄 하나도 모르는
그것은 바로 못된 죄인이기 때문

시련이 올 때마다
몸서리치며 애통할 줄 모르는
그것은 바로 못된 죄인이기 때문

믿음을 모르니
돌아갈 줄 모르는 어리석은 사람
그것은 바로 못된 죄인이기 때문

"우리가 마음에 뿌림을 받아 악한 양심으로부터 벗어나고 몸은 맑은 물로 씻음을 받았으니 참 마음과 온전한 믿음으로 하나님께 나아가자"(히 10:22)

오늘

오늘도
이 밤이 지나 새벽이 오면
또 무엇이 와서 두렵게 할까

하루가 가고
오늘이 가면 무슨 날이 와서
어렵게 할까 마음은 근심한다

온종일 근심하다가
하루해가 저물어 밤이 오면
또 무엇이 올까 근심하지만

어떤 일이 와서
무엇이 괴롭게 하든지 말든지
믿음이면 다 되는 오늘 하루

오늘이 가든지 말든지
무엇이 힘들게 하든지 말든지
굳건한 믿음이면 다 되는 하루

**"만물의 마지막이 가까이 왔으니
그러므로 너희는 정신을 차리고 근신하여 기도하라"**(벧전 4:7)

십자가란

십자가란 나의 못난 자아를
모두 다 벗고 벗어버리는 것

십자가란 세상 물든 죄들을
모두 토설하고 뉘우치는 것

십자가란 육신의 탐욕 사슬을
다 끊어버리고 회개하는 것

십자가란 세상에 물든 마음을
주님 보혈로 다 씻어버리는 것

십자가로 진 자신의 죄를 보면서
불의한 것을 모두 못 박는 것

"누구든지 나를 따라오려거든 자기를 부인하고 자기 십자가를 지고
나를 따를 것이니라"(마 16:24)

참된 고백

기막힌 문제 앞에서
이런 마음의 어려움을 이길 힘은 하나 없지만

문제만 보면 힘이 드는 사람이
기복 신앙이면 어떻고 율법주의라면 어떤가

허례허식 버리고 진심으로
주님을 바라고 나가는 은혜로운 마음 그 길에

간절한 마음으로 나가면서
주님께 도움받으려는 사람을 주님은 아시니

주님께 모든 것을 맡기고
진정 진심으로 나가면서 고백하는 나의 마음

나는 주님을 사랑합니다
그러면 편해지는 마음 나의 영혼의 참된 고백

"내 은혜가 네게 족하도다 이는 내 능력이 약한 데서 온전하여짐이라"(고후 12:9)

맡김

내가 늘 주님으로 일하면
주님은 내일 해 주시겠지

내가 믿음으로 살아가면
주님은 내 문제 아시겠지

믿음은 주님을 의지하면서
그대로 이루어지기 원하며

지금 여기 있는 이곳에서
나의 모든 것을 맡기는 것

믿음으로 모든 것을 맡기는
이런 순전한 마음이 없으면

어떻게 믿음으로 살아가나
주님 믿으며 담대히 나아가나

"… 너희가 내 말에 거하면 참으로 내 제자가 되고
진리를 알지니 진리가 너희를 자유롭게 하리라"(요 8:31-32)

소중한 자리

가난하고 비천한 마음은
주님이 오시는 낮은 자리

그래서 자꾸 낮은 곳으로
몸과 마음을 몰아가지만

천한 사람에게 오는 은혜
낮아지는 곳에 오는 사랑

멸시 왕따 능욕과 슬픔
모두가 주님 오시는 공간

낮아지고 비워진 마음이
주님 오시는 소중한 장소

미련하고 비천한 자리가
주님 계시는 은혜의 거처

"너희도 성령 안에서 하나님이 거하실 처소가 되기 위하여
그리스도 예수 안에서 함께 지어져 가느니라"(엡 2:22)

귀한 그 이름

하나님 아버지 위대하신 이름입니다
부르고 또 부르고 싶은 귀한 그 이름
나의 사랑하는 전능의 하나님 아버지

살아계신 창조주이신 하나님 아버지
제 마음은 오늘도 하나님만 생각하고
하나님만 바라보며 하나님께 나갑니다

우리에게 크고 큰 하나님 아니 계시면
제가 어찌 이 생존 세계에서 잘 견디며
제가 어떻게 대담하게 살아가겠습니까

거룩하신 그 이름 영존하시는 하나님
부르면 부를수록 더욱 그립고 그리운
마음에 사랑하는 나의 하나님 아버지

오늘도 진정한 마음과 간절한 심령으로
주님을 바라보면서 주님만을 의지하며
하나님을 그리며 아버지께 나아갑니다

"너희는 여호와를 만날 만한 때에 찾으라 가까이 계실 때에 그를 부르라"(사 55:6)

걸작품

내가 나라서 난 너무 괴롭다
얼굴도 마음씨도 문제인 나

물질도 명예도 지식도 지혜도
아무것도 가진 것이 없는 나

그러나 이 세상에서 둘도 없는
창조주 우리 하나님의 피조물

세상에 하나뿐인 나를 아니
그 내가 좋고 너무나 대견해서

마음으로 드리는 감사의 기도
나의 하나님 정말 고맙습니다

하나님의 손으로 만든 걸작품
천한 영혼 몸이 너무 감사해서

감사로 나를 받는 것이 큰 기쁨
나 만들어 주신 주님의 큰 은혜

"네 길을 여호와께 맡기라 그를 의지하면 그가 이루시고"(시 37:5)

96

지금만

우리 믿음 안에서 살아가려면
이 순간만 생각해야 한다

믿음은 오늘이 가장 소중하니
지금만이 귀하다는 것 안다

그래서 단지 우리 삶에서는
지금만 생각해야 한다

지금 무슨 말을 하고 있는지
지금 난 무슨 생각을 하는지

그것을 모르면 믿음도 몰라서
다른 것을 생각하면 안 된다

지금 내가 여기 있는 것과
주님 앞에 사는 것 외에는

지금만 생각하는 그것이 곧
믿음으로 사는 것인 줄 안다

"내가 여호와께 바라는 한 가지 일 그것을 구하리니 곧 내가 내 평생에 여호와의 집에 살면서 여호와의 아름다움을 바라보며 그의 성전에서 사모하는 그것이라"(시 27:4)

돌이킴

늘 어려움 당해도 괜찮아
마음속 추한 것 처리해야 하니
더러운 죄도 다 나 때문이라면

죄와 싸우며 울며 회개하며
기도 하는 말 이 몸 드리오니
저의 허물을 용서해 주십시오

검은 죄 뉘우치는 마음도
산더미 같은 죄 돌이키는 마음도
성실하신 주님 사랑 때문이라면

지금 마음을 돌이키오니
저를 돌아보시고 긍휼히 여기시어
저의 죄를 용서하여 주십시오

"내가 곧 길이요 진리요 생명이니
나로 말미암지 않고는 아버지께로 올 자가 없느니라"(요 14:6)

98

나아가자

주님은 밤새워 문 열어놓고
애태우며 날마다 우리 기다리시니
일어나 주님께 부지런히 나아가자

우리 비록 비천하고 추해도
앞선 양떼들의 발자취를 따라서
소고치고 춤추면서 기쁘게 나아가자

우리 죄 사해 주시는
십자가의 은혜 마음을 돌이키며
주님만 바라보며 담대하게 나아가자

우리 가는 길은 비록 힘들어도
우리를 사랑하시는 주님이 계시니
마음으로 힘 다해 열심히 나아가자

"아버지께서 내게 주시는 자는 다 내게로 올 것이요
내게 오는 자는 내가 결코 내쫓지 아니하리라"(요 6:37)

사역자

우리 모두 사명자
하나님의 부르심 받은
생명 빛으로 사는 자

복음의 빛 위해
우리 빛 안으로 이끄시고
그 빛으로 살아가는 우리

하늘 빛이 오는 곳에
주님의 말씀이 깃들고
새 생명이 태동하니

우리는 빛 안에서
주님 말씀으로 부름받아
그 빛을 따라가면서

복음으로 가는
하나님께 부름받은
참되고 기쁜 주의 사역자

"믿음의 선한 싸움을 싸우라 영생을 취하라
이를 위하여 네가 부르심을 받았고"(딤전 6:12)

동행

주님은 흔들어 깨워주신다
곤하게 잠자는 나를 보시고

왜 잠만 자느냐고 물으시고
왜 혼자 먹느냐고 물으신다

왜 혼자만 자꾸 다니면서
혼자만 일하느냐고 하신다

그러면 주님과 동행하는 것이
주님 사랑인 것을 아니

신앙은 늘 깨어있어야 하고
주님 따라야 함을 알게 된다

"너희가 전에는 양과 같이 길을 잃었더니 이제는 너희 영혼의 목자와
감독 되신 이에게 돌아왔느니라"(벧전 2:25)

제2부

"할렐루야, 여호와를 경외하며
그의 계명을 크게 즐거워하는 자는
복이 있도다"
-시편 106편 1절

영혼의 문

애쓰고 애태우며 주님을 찾아 헤맨 세월
사방으로 힘쓰다가 피멍 든 몸과 마음

낙심과 좌절로 내려가는 기이한 믿음의 길
낮추고 비우며 가야 하는 좁고 가파른 골짝

끊임없이 나아가며 성장하는 믿음 여정에
반기고 맞아줄 사람 하나 없어도 기쁘게

마음으로 힘겹게 나가며 애타는 나의 기도
나의 하나님 어째서 이 나를 잊으시나이까

하나님 언제까지 이 나를 외면하시나이까
구하면 열리는 문 주님 계시는 영혼의 문

"내 영혼이 여호와의 궁정을 사모하여 쇠약함이여
내 마음과 육체가 살아 계시는 하나님께 부르짖나이다"(시 84:2)

102

능력

감사만 하면
은혜가 마음을 적신다

마음만 드리면
하늘 은총이 내려온다

기쁘게 나가면
새 힘 능력이 들어오고

서로 주고받는
아름다운 사랑 속에

마음을 드리면
영혼이 다시 살아나고

주님을 높이면
언제나 기쁨이 넘친다

"여호와여 주의 이름을 아는 자는 주를 의지하오리니
이는 주를 찾는 자들을 버리지 아니하심이니이다"(시 9:10)

귀한 사랑

가을이 깊어 가면 온기 있는 사람이 그립고
추운 겨울이 오면 온정 어린 마음이 그리워

춥고 추운 눈 내리는 어느 겨울 길가에서
내가 바라볼 곳은 오직 우리 주님 한 분뿐

외로운 마음을 끊임없이 주님께로 몰아가면
향내 나는 은혜 주님이 주시는 풍성한 사랑

주님 사랑을 먹으면서 자라가는 우리 믿음
성장 성숙으로 나가는 믿음의 복된 길에서

감사함으로 나가며 기도하는 말 나의 주님
보잘 것 없는 나를 어찌 그리 사랑하시나이까

마음으로 나가면서 드리는 나의 참된 고백
주 예수 은혜 안에 들어오는 귀한 사랑

"네 마음을 다하고 목숨을 다하고 뜻을 다하여
주 너의 하나님을 사랑하라"(마 22:37)

비가 내린다

지금 은혜의 비가 내린다
갈한 마음에 한없이 내린다

지금 말씀의 비가 내린다
빈 마음에 끝없이 내린다

지금 사랑의 비가 쏟아지면
마음은 어느덧 저 나라

풍성한 비가 영혼 적시면
마음이 뜨겁게 달아오른다

하늘에 비가 내린다
구슬 같은 보화의 비가 내린다

형형색색의 하늘 보화가
하늘에서 줄기차게 내려오면

마음과 영혼은 날아오른다
높은 하늘로 곧 날아오른다

"그러므로 사랑하는 자들아 너희가 이것을 바라보나니 주 앞에서 점도 없고 흠도 없이 평강 가운데서 나타나기를 힘쓰라"(벧후 3:14)

본능

주님을 소리 높여 부르지만
마음에도 없는 그 높은 소리

높은 소리에 본능 묻어나면
그것은 육신이 살아있는 증거

마음의 헛된 자아가 묻어나면
본능적인 자아가 올라오면서

본능으로 물드는 사람을 보며
무감각한 그 육신의 본능으로

육신을 아는 것이 참다운 은혜
못나고 강한 육신을 보는 것이

믿음으로 사는 주님 주신 은혜
본능을 밀어내는 담대한 믿음

"죄를 크게 범한 자의 길은 심히 구부러지고 깨끗한 자의 길은 곧으니라"(잠 21:8)

생명 양식

늘 내리는 은혜의 비에 젖으면
그 인생도 풍성 그 삶도 풍성

은혜의 비가 한없이 내려오는
영혼이 출렁대는 어느 저녁에

은혜에 물드는 충만한 영혼 몸
인생의 절정인 은혜의 고비에서

마음으로 그리는 생명의 말씀
말씀 소망인 은혜의 식탁에서

마음이 가난한 자가 받을 축복
주님 주시는 생명 양식을 먹으면

놀라서 뛰노는 가난한 영혼
주님 은혜가 버거운 쇠약한 영혼

"그들이 평온함으로 말미암아 기뻐하는 중에 여호와께서
그들이 바라는 항구로 인도하시는도다"(시 107:30)

나 같은 거

나 같은 거
알아주시는 주님께 감사
나 같은 거
지켜주시는 주님께 감사

나 같은 거
믿음으로 사는 것이 감사
나 같은 것도
늘 조금은 드리고 싶어서

나 같은 것도
마음으로 보화를 던지면
나 같은 것이
떠나가는 보화를 보면서

나 같은 것도
마음은 아프고 시려도
나 같은 것도
드릴 수 있는 것이 감사

"너는 네 떡을 물 위에 던져라 여러 날 후에 도로 찾으리라"(전 11:1)

언제나

언제나 내가 늘 보이는
곳에 가서야 믿음이 보이고

언제나 얼마나 더러운지
눈이 열려야 주님이 보인다

언제나 나를 보지 못하는
영혼의 눈이 먼 어둠 속에

언제나 자기의 그 사람을
주님이 보여주셔야 안다

언제나 믿음으로 보니
나의 부족한 마음이 보이고

언제나 추한 모습이 보이니
주님이 다시 새롭게 보인다

"그러므로 우리는 긍휼하심을 받고 때를 따라 돕는 은혜를 얻기 위하여
은혜의 보좌 앞에 담대히 나아갈 것이니라"(히 4:16)

갈등

내가 있는 그곳에서
나는 무엇을 걱정하나

내가 살아가는 곳에서
나는 무슨 생각을 하나

매일 잘 때나 깰 때나
나는 무엇을 근심하나

내가 항상 있는 곳에서
마음 못 잡고 서성대며

어디로 늘 돌아다니며
무엇을 늘 찾아다니나

어제오늘 그 어디서
방황하면서 돌고도나

"오직 오늘이라 일컫는 동안에 매일 피차 권면하여
너희 중에 누구든지 죄의 유혹으로 완고하게 되지 않도록 하라"(히 3:13)

110

말씀

우리가
믿음으로 살면 말씀으로 살지니
말씀이 역사하는 힘은 오직 믿음뿐이라

우리가
말씀으로 가면 믿음으로 살지니
너희는 다시는 종의 멍에를 매지 말라

우리가
은혜로 살면 사랑으로 행할지니
우리 자신을 날마다 시험하고 확증하라

우리가
영으로 살면 믿음으로 행할지니
너는 어디서나 네 자신을 속이지 말라

우리가
아는 것은 많은데 잘 안되니 문제
믿음을 모르니 늘 돌고 도는 우리 육신

"여호와여 주의 율례들의 도를 내게 가르치소서
내가 끝까지 지키리이다"(시 119:33)

우리

우리는
안에서 솟아오르는 소욕을 버리려면
마음을 비워야 합니다

우리는
마음을 비운 후에 성령의 인도 따라
심어야 합니다

우리는
미숙한 영혼이지만 믿음을 잘 아니
그대로 따라가야 합니다

우리는
살아가며 성령의 인도를 따라가려면
속사람을 따라가야 합니다

우리는
믿음 따라 심으면서 기쁨으로 나가면
시온의 대로가 열립니다

"너는 청년의 때에 너의 창조주를 기억하라 곧 곤고한 날이 이르기 전에,
나는 아무 낙이 없다고 할 해들이 가깝기 전에"(전 12:1)

112

갈망

너는 아는가 찬란한 주님 계신 나라를
영으로 맛보는 신비한 나라를

몸과 마음 정성 다해 믿음으로 나가는
영성으로 가는 은밀한 길

세상 어디서나 강한 육신 넘지 못하면
갈 수 없는 하늘나라

마음을 언제나 쪼개고 상하며 다치면서
가야 하는 기묘한 나라

세상일 넘고 영혼의 굴곡을 헤쳐가는
고단하고 아픈 믿음의 길

목숨 다해 나가는 우리 주님 계신 나라
마음 낮추고 가는 은혜의 나라

"오라 우리가 여호와께로 돌아가자 여호와께서 우리를 찢으셨으나
도로 낫게 하실 것이요 우리를 치셨으나 싸매어 주실 것임이라"(호 6:1)

할례

깊은 바다 같은 어둠 속에서
잠수하는 몇 년이 흐른다

칠흑같은 어두움 가운데
성령으로 쪼개지고 불태우는

질기도록 시련 당하는 거기서
육신의 맛을 쓰디쓰게 맛본다

내면이 정화되기 위하여
수면 깊은 곳 잠수하는 시간에

온갖 인고 속에
신비하신 주님 사랑을 경험한다

무엇과도 바꿀 수 없는
육신의 질긴 맛을 넘어가면서

방황하며 애쓰다가
불같은 사랑의 주님을 만난다

"또 그 안에서 너희가 손으로 하지 아니한 할례를 받았으니 곧 육의 몸을 벗는 것이요 그리스도의 할례니라"(골 2:11)

114

휘파람

질퍽한 길을 넘어가다 보니
하늘에 검은 구름 한 점 없는
상쾌한 날이 돌아온다

아무 거침이 없는 곳
여기까지 얼마나 오래 걸렸나
그 먼 곳을 얼마나 많이 돌았나

깊고 좁디좁은 협곡
힘든 길을 걷다가 상한 발걸음
상한 발부리가 그래도 감사해서

마음을 펴고 하늘을 난다
독수리처럼 한없이 날아오른다
하늘 보며 크게 휘파람을 분다

"내가 그들을 향하여 휘파람을 불어 그들을 모을 것은
내가 그들을 구속하였음이라 그들이 전에 번성하던 것 같이 번성하리라"(슥 10:8)

숨바꼭질

다치고 힘들다는 말
너무 나가서 오는 시련 고통

주님이 그리운 날
믿음이 안 되어 서럽게 울면서

지치다가 잠이 들면
꿈속에서 만나는 주님이 좋아

마음으로 돌며 돌다가
가다 쉬다가 숨어버린 사람이

숨바꼭질하다가
주님 사랑을 만나면 벅찬 가슴

그러면 마음이 부푸는
감사한 날이 돌아옴이 큰 은혜

"너희는 여호와를 찾으라 그리하면 살리라 …"(암 5:6)

어리둥절

우리 마음의 의지가 누구인가
자녀인가 혈육인가 친구인가

여기저기 아무리 살펴보아도
모두 덧없고 소용없는 관계

마음을 주지만 오는 데 없고
사랑은 가지만 오는 데 없는

무정한 나라 이 생존 세계에
의지할 분은 오직 한 분 주님

우리 마음 줄 이 하나 없어도
마음에 주님의 사랑이 오면

내가 사는 곳은 그 어디인가
여기가 어디인가 어리둥절

"이는 힘으로 되지 아니하며 능력으로 되지 아니하고
오직 나의 영으로 되느니라"(슥 4:6)

소견

인자는 머리 둘 곳이 없다고
탄식하시는 주님 말씀 속에서

나의 소견이 너무 좁고 좁아서
주님 오실 공간이 없는 것 안다

나의 그 좁디좁은 소견을 보고
돌이키면서 마음을 고치다 보니

갈수록 더 좁아지는 나의 소견
좁은 소견 때문에 마음 시려도

좁디좁은 소견이 눈에 들어오면
나도 모르게 넓어지는 그 마음

좁은 소견으로 살아가다가 좁은
소견이 느껴지면 다 되는 우리

"이 성전이 황폐하였거늘
너희가 이 때에 판벽한 집에 거주하는 것이 옳으냐"(학 1:4)

은혜의 길

비우고 내려놓으면 넘치게 채워주시고
다 끝났다 싶으면 다시 시작되는

사랑으로 채움받는 믿음의 여정 속에
들어오는 주님의 지혜 지식 힘과 능력

말씀이 주는 생기로 우리 영혼이 벅차면
믿음으로 다시 사는 참된 은혜의 그 길

주님 사랑이 밀려 들어와 가슴이 벅차면
혼이 파동이면서 살아나는 우리의 영혼

"너희로 하여금 모든 신령한 지혜와 총명에 하나님의 뜻을 아는 것으로"(골 1:9)

눈치쟁이

말씀이 없을까 눈치를 보지만
이것이 믿음으로 사는 것

무슨 일이나 결정하지 못하고
언제나 망설이다가

모든 문제 앞에서 어쩔 수 없이
눈치쟁이가 되어버린 나

눈치 안 보고 가다 보면
내 가는 길도 몰라 주님도 몰라

눈치로 가는 것이 믿음이라면
주님 눈치를 보면서 가는 믿음

주님 눈치를 보는 거기에
믿음의 길이 열림이 참된 은혜

"너희는 많은 환난 가운데서 성령의 기쁨으로 말씀을 받아
우리와 주를 본받은 자가 되었으니"(살전 1:6)

120

깨라

나의 허탄한 사람아 이제는 깨라
게으르고 나태하여 곤한 잠에 빠진
너의 모습 깨닫고 속히 일어나라

봄 향기 가득한 맑은 시냇가에서
생수를 길어 나르는 사람이 많은데
너의 게으름 박차고 어서 일어나라

나의 허탄한 육신아 잠에서 깨라
새벽에 울리는 그 종소리 듣고서
너의 모습이 어떤지 다시 살피라

꽃향기 만발한 생명 그늘 아래서
꿈을 실어 나르는 사람들 많은데
너의 오늘 모습은 그 어디서 오나

나의 허탄한 사람아 지금은 깨라
어두운 영에 눌리어 잠든 네 얼굴
너의 오늘의 그 믿음 그 웬말인가

"주의 말씀을 조용히 읊조리려고 내가 새벽녘에 눈을 떴나이다"(시 119:148)

기도하는 마음

믿는다는 사람도 기도하지 못한다
쉽게 하지 못하고 쉽게 옮기지 못해

매사가 어려운 사람이 기도를 하지만
기도가 넋두리고 어리광이면 어떤가

기도가 독백이고 하소연이면 어떤가
기도 속에서 주님만 생각하면 되는데

기도가 영혼과 마음을 깨우는 것이면
기도도 내 마음대로 되나 힘주셔야지

"너는 기도할 때에 네 골방에 들어가 문을 닫고
은밀한 중에 계신 네 아버지께 기도하라"(마 6:6)

길을 아는 사람

내가 나로 사는 것이 무엇인지 모르면
믿음으로 사는 것도 무엇인지 모른다

믿음으로 사는 것이 무엇인지 안다면
내가 나로 사는 것이 무엇인지도 알아

믿음은 무거운 죄 마음으로 회개하면서
주님께로 마음을 돌이키고 돌아가는 것

주님을 가까이하는 거기에 믿음이 오고
돌이키는 그 속에 회복이 되는 것이 복

믿음으로 사는 길은 늘 어렵고 힘들어도
그것만 되어도 우리 마음은 매우 큰 기쁨

"주께 합당하게 행하여 범사에 기쁘시게 하고
모든 선한 일에 열매를 맺게 하시며 하나님을 아는 것에 자라게 하시고"(골 1:10)

덧셈

내가 생각하는 생각 내 생각이 아니고
내가 마음먹는 그 마음도 내 것 아니며
나의 모든 지혜도 내 것 아닌 것 아니

믿음이 주는 지혜 지식으로 가는 그 길
믿음으로 가는 그 속에 주님이 더해지면
덧셈 인생 거기에 주님 빠지면 뺄셈 인생

우리의 모든 삶들은 덧셈인지 뺄셈인지
믿음에 따라서 덧셈이 되고 뺄셈이 되는
믿음으로 가는 생명과 사망의 교착점에

진리가 살면 덧셈 인생 사랑이면 덧셈 인생
우리 가는 길에 주님이 더해지면 덧셈 인생
거기에 믿음이 더 깊어지면 복된 덧셈 인생

주님과 가는 길에 지혜가 열리면 덧셈 믿음
마음 안으로 주님의 말씀이 오면 덧셈 믿음
우리 삶에 주님이 더해지면 또한 덧셈 믿음

"여호와를 경외하는 것이 지혜의 근본이요
거룩하신 자를 아는 것이 명철이니라"(잠 9:10)

지혜

이제는 비로소 안다 앞으로
무엇으로 살아가야 하는지를

먹을 것 입을 것이 아니라
믿음이 좋은 줄 아는 곳에서

내가 싫어 죽도록 미운 내가
그 허물 버리려고 애쓰면서

나를 벗어나지 못하는 사람
미련한 사람이 너무 미워서

나를 잊고 싶은 탄식 속에
나 알아보는 것이 참된 은혜

믿음으로 깨달은 말씀 안에서
나를 돌아보는 것이 참 지혜

"하나님이 모든 것을 지으시되 때를 따라 아름답게 하셨고
또 사람들에게는 영원을 사모하는 마음을 주셨느니라"(전 3:11)

절제

몸 마음이 절제된 사람은 낮은 길로 내려가고
내면이 절제된 사람들은 이면 길을 찾아간다

마음이 낮아진 사람은 숨어서 내면을 응시하고
영혼이 절제된 사람은 어디나 드러내지 않는다

마음이 절제된 사람은 모든 것을 비우며 나가고
영혼이 비워진 사람은 숨어서 그 죄를 슬퍼한다

영혼이 절제된 사람은 세상을 돌아보고 기도하고
절제되고 절제된 영혼은 숨어서 하늘을 주목한다

영혼이 비워진 사람은 세상을 바라보고 근심하고
믿음이 절제된 사람은 세상을 바라보며 탄식한다

"오직 마음에 숨은 사람을 온유하고 안정한 심령의 썩지 아니할 것으로 하라
이는 하나님 앞에 값진 것이니라"(벧전 3:4)

다시 보여

믿음으로 보면 모든 것이 다시 보여
하늘도 구름도 별도 꽃도 새로 보여

사람도 세상도 다시 보니 다시 보여
만물에 하늘 생명이 흐르니 다시 보여

보고 또 봐도 모든 것이 새롭게 보여
믿음 안에서 모든 것을 또다시 보니

만물도 다시 보여 나도 또다시 보여
영혼도 다시 보여 주님도 다시 보여

"형제들아 우리가 믿는 도리의 사도이시며
대제사장이신 예수를 깊이 생각하라"(히 3:1)

담즙

무엇이든지
주시는 대로 받습니다

쓴물 단물 가리지 않고
주시는 대로 마십니다

우리 가진 것 너무 많아
피곤하게 사는 사람

거기서 육신을 따르고
늘 육신으로 나가다가

단물이 쓴물로 바뀌면
맛보는 시련도 고마워

닥치는 힘든 시련 속에
쓴물이 단물로 바뀌면

다시 살아나는 영혼
고난 속에 피는 그 믿음

"그러므로 우리가 낙심하지 아니하노니 우리의 겉사람은 낡아지나 우리의 속사람은 날로 새로워지도다"(고후 4:16)

128

살아남

폭포수 같은 은혜를 주시면
마음은 사랑으로 깨어나고

폭포수 같은 말씀을 주시면
마음은 영광으로 뛰어오르고

폭포수 같은 능력을 주시면
새 힘으로 벌떡 일어나고

폭포수 같은 은총을 주시면
우리 영혼은 감사 감격하고

폭포수 같은 성령을 주시면
영혼 몸은 뜨겁게 달궈지고

폭포수 같은 사랑을 주시면
영이 살고 믿음도 살아나고

"너희는 너희 하나님 여호와로 말미암아 기뻐하며 즐거워할지어다
그가 너희를 위하여 비를 내리시되 이른 비를 너희에게 적당하게 주시리니
이른 비와 늦은 비가 예전과 같을 것이라 마당에는 밀이 가득하고
독에는 새 포도주와 기름이 넘치리로다"(욜 2:23-24)

영과 육

영으로 사는 것은 영
육으로 사는 것은 육

둘 사이 간극이 너무 커
그 틈에서 방황하는 사람

늘 영으로 가야 하는데
늘 육으로 살아갈 때면

육신은 비록 사망이라도
영으로 가면 생명 되는

믿음의 시행착오 속에서
밝은 서광이 비쳐오면

비로소 큰 능력이 된다
믿음이 큰 소득이 된다

"육으로 난 것은 육이요 영으로 난 것은 영이니"(요 3:6)

하나님

자비하신 하나님은
육신의 불의함을 참아주시고
모든 악함과 죄악을 도말해 주십니다

긍휼이 많으신 하나님은
육신의 죄과와 경솔함으로 뭉친
모든 교만과 오만을 용서해 주십니다

인자하신 하나님은
육신의 욕망과 탐욕으로 내려가는
모든 정욕과 사욕을 벗게 해주십니다

사랑이 많으신 하나님은
육신이 죄악으로 빠르게 내려가는
우리 마음과 인생을 붙들어 주십니다

"예수께서 하나님의 아들이심을 믿는 자가 아니면
세상을 이기는 자가 누구냐"(요일 5:5)

분투

그래 우리 마음 다해
믿음으로 묵묵히 나가자

열심히 가도 잘 안 되니
천천히 은밀하게 나가자

가다 보면 그 애타는 속
식혀줄 물 한 컵 마시며

잘 안 된다고 헛되다고
원망하지 말고 나가자

온 마음 다해도 안 되는
믿음으로 가는 그 길에

잘 안되고 잘 못 간다고
불평하지 말고 나가자

"너희는 내게로 돌아오라… 그리하면 내가 너희에게로 돌아가리라"(슥 1:3)

132

구원의 길

우리 안에 갇혀서 자신으로 가는
그 안에도 한계가 있다

자신이 중요하고 자신이 대단한
그 의견에도 한계가 있다

늘 자기만 알고 자신으로 나가는
그 의로움도 끝날 날이 있다

믿음은 나 자신을 뛰어넘어가면서
자신을 모두 맡기는 것

믿음이란 내 안에 사시는 주님께
자신을 드리며 나가는 것

내가 소중해서 자신으로 나가다가
자신이 무너지면 열리는 길

나 자신이 아니라 주님으로 가는
이 은밀한 믿음의 길

"우리가 이같이 큰 구원을 등한히 여기면 어찌 그 보응을 피하리요
이 구원은 처음에 주로 말씀하신 바요 들은 자들이 우리에게 확증한 바니"(히 2:3)

질그릇

우리 육신은 깨지기 쉬운 질그릇
방심만 하면 깨지는 몸과 마음

부족한 몸 마음의 슬픈 길에서
육신이면 죽고 믿음이면 살고

우리 마음은 깨지기 쉬운 질그릇
낙심 좌절하다가 다치는 질그릇

자주 깨뜨림과 부서짐을 당하는
육신이 아픈 그 서러운 길가에

맑은 해가 밝게 마음에 떠오르면
다시 사는 몸 마음 우리의 영혼

"육신에 있는 자들은 하나님을 기쁘시게 할 수 없느니라"(롬 8:8)

나의 본능

육신의 낮은 속성들
육신 속에 갇힌 육신의 본능

육신으로 가면 갈수록
본능으로 가는 본능의 사람이

믿음으로 마음을 드리며
변화되면 변하는 육신의 본능

주님만 바라며 나가다가
말씀이 오면 변하는 나의 본능

믿음이 주는 은혜 안에서
변하면 새로워지는 나의 본능

"너희가 육신대로 살면 반드시 죽을 것이로되
영으로써 몸의 행실을 죽이면 살리니"(롬 8:13)

주께 맡김

우리 안다 모른다 하지 말자
우리 아시는 주님이 계신데

나는 본다 못 본다 하지 말자
다 보시는 분 우리 주님 계신데

내가 나서면 되는 것이 없고
내가 해도 되는 것이 없지만

내가 나서고 내 힘으로 가면서
안 된다고 하다가 가버린 인생

그러나 끝까지 되다 안 되다
한 고비만 지나가면 다 되는데

믿는다 잘못 믿는다고 하면서
된다 안 된다 늘 말하지 말자

"믿음이 없이는 하나님을 기쁘시게 하지 못하나니
하나님께 나아가는 자는 반드시 그가 계신 것과 또한 그가 자기를 찾는 자들에게
상 주시는 이심을 믿어야 할지니라"(히 11:6)

우리 믿음

하늘 에너지가 부딪치면
진동하는 번개 천둥소리

주님 영이 영과 부딪치면
상상할 수 없는 큰 은혜

영혼의 에너지가 밀려들면
이곳은 이 땅이 아닌 저곳

영혼의 울림 은혜의 충만
파동 이는 생명의 흐름이

신속하게 안으로 들어오면
다시 살아나는 우리 영혼

생명을 주시는 구원의 주님
주님으로 사는 우리의 믿음

"그들이 주의 집에 있는 살진 것으로 풍족할 것이라
주께서 주의 복락의 강물을 마시게 하시리이다"(시 36:8)

생명의 주님

죄 많은 사람 때문에 낮은 곳으로 오신 주님
죄 많은 사람 때문에 십자가에 달리신 주님

주님은 고독하고 슬픈 마음의 하나님이시라
주님은 소망 없는 사람의 빛과 힘이 되심이라

우리 비천한 사람 위해 이 땅 어둠 권세 헤치고
부활 생명으로 오시어 우리 구원으로 이끄시는

능력 많으시고 생명이 무한하신 우리의 주님
그 주님 안 계시면 지금 나는 어떻게 되었을까

은혜와 자비와 사랑으로 오시어 늘 감싸주시는
주님 은혜 아니면 난 무슨 소망으로 살아가나

"너희 안에서 행하시는 이는 하나님이시니 자기의 기쁘신 뜻을 위하여 너희에게 소원을 두고 행하게 하시나니"(빌 2:13)

회개

주여 허물 많은 저의 모습
온몸이 상하고 검은 죄로 물든
저의 수치를 알게 해주십시오

주여 자기 잘난 맛에 살고
자기 자신과 자기 능력으로 가는
저의 오만을 보게 해주십시오

주여 자기만 알고 믿고 사는
교만 자긍함으로 뭉쳐 사는 사람
저의 죄악을 버리게 해주십시오

주여 늘 죄를 먹고 살아가는
죄의 사람이 마음으로 회개하고
돌이키오니 저를 용서해 주십시오

"우리를 구원하시되 우리가 행한 바 의로운 행위로 말미암지 아니하고 오직 그의 긍휼하심을 따라 중생의 씻음과 성령의 새롭게 하심으로 하셨나니"(딛 3:5)

생명 빛

일어나 빛을 발하라
생명의 빛 발하기만 하면
곤한 영혼이 깨어나고

사랑의 빛 발하기만 하면
어둠은 불시에 물러가
잠든 영혼이 깨어나고

숱한 영혼의 잠 깨우려고
세상 찬바람 불어 닥치면
힘든 영혼이 놀라고

아픈 영혼을 세워주려고
세상의 시련이 몰아닥치면
슬픈 영혼은 일어나고

약한 영혼을 일으키려고
생명 빛을 늘 발하여 주면
몸 영혼은 솟아오르고

"일어나라 빛을 발하라 이는 네 빛이 이르렀고
여호와의 영광이 네 위에 임하였음이니라"(사 60:1)

내 음성

주님 저의 부족을 아오니
저를 늘 기억하여 주소서

사방에서 대적하는 무리가
마음속을 건드리지 않으면

사방에서 시기하는 사람들이
나의 감정을 찌르지 않으면

사방에서 불의한 사람들이
나의 속 쑤셔내지 않으면

성장하기 힘든 믿음의 길에
다친 심령 그대로 가지고서

주님께 진심으로 나가오니
이 나를 버리지 말아 주소서

"내가 받는 고난으로 말미암아 여호와께 불러 아뢰었더니 주께서 내게 대답하셨고 내가 스올의 뱃속에서 부르짖었더니 주께서 내 음성을 들으셨나이다"(욘 2:2)

믿음 안에서

비로소 믿어지는 것을 보니
그제야 믿음과 사랑으로 가는 길이
무엇을 말하는지 조금은 알게 됩니다

씨가 땅에서 싹을 피우듯이
생애의 습기 찬 그 고비에 가서야
믿음이 무엇인지 조금은 알게 됩니다

십자가를 지신 주님 보며
낙심하는 고된 환난과 질고 속에
믿음이 무엇인지 조금은 알게 됩니다

믿음으로 살아가는 이 기쁨
주님 은혜 앞에서 주님 믿는 것이
얼마나 큰 은총인지 조금 알게 됩니다

"그러므로 우리에게 큰 대제사장이 계시니 승천하신 이 곧 하나님의 아들
예수시라 우리가 믿는 도리를 굳게 잡을지어다"(히 4:14)

큰 나무

뜨거운 여름날 시원한 나무 한 그루
지나간 추억이 숨어 있는 정겨운 그늘

지겹고 무더운 여름날 땀방울 식혀주는
서늘하고 시원스러운 네 품속이 그리워

그 나무 밑을 오고 가는 애달픈 영혼은
날마다 무슨 생각에 젖어서 지나가나

마음속으로 사랑하는 큰 나무 한 그루
한여름 무덥고 뜨거운 그 햇빛 속에

그윽하고 우람한 네 기품을 드러내며
한더위 식혀주는 시원한 나무 한 그루

외롭고도 슬픈 영혼을 감싸 안아 주는
변함없이 자라는 큰 믿음 나무 한 그루

너의 품이 그리워 잠 못 드는 그 밤에
그 큰 나무는 지금 어디서 무엇을 하나

"지혜 있는 자는 궁창의 빛과 같이 빛날 것이요
많은 사람을 옳은 데로 돌아오게 한 자는 별과 같이 영원토록 빛나리라"(단 12:3)

큰 사랑

주님 이 죄인이 무엇이기에
성안의 살지고 기름진 소로
날마다 저를 풍성하게 먹여 주십니까

주님 이 죄인이 무엇이기에
푸른 초장에서 쉬게 해주시고
안전한 곳에 늘 거하게 해주십니까

주님 이 죄인이 무엇이기에
힘이 센 황소 같이 뛰게 하시며
주님 품 안에 늘 피하게 해주십니까

주님 이 죄인이 무엇이기에
물댄동산 깊은 은혜를 누리면서
주님 사랑을 늘 기억하게 해주십니까

주님 이 죄인이 무엇이기에
주님 제가 과연 어떤 사람이기에
이처럼 이토록 저를 사랑해 주십니까

"사랑은 하나님께 속한 것이니 사랑하는 자마다
하나님으로부터 나서 하나님을 알고"(요일 4:7)

144

믿음의 의미

믿음의 참된 의미 어디서 찾나
사람들과 모인 그 속에서 찾나

말씀과 기도로 날마다 나가면서
찾아 헤맨 그 시간 속에서 찾나

일하고 섬기고 노래를 부르며
사랑 주고 섬기는 것에서 찾나

그러나 그 어디를 찾아 헤매도
그런 것은 모두가 주변의 문제

믿음의 복되고 참된 본질은
주님을 내 안에서 찾지 않으면

우리 마음도 헛것 세상도 헛것
믿음도 헛되고 모두가 헛된 것

"믿음의 주요 또 온전하게 하시는 이인 예수를 바라보자"(히 12:2)

이겨져

믿음만 있으면 마음이 상하든지
두렵든지 무섭든지 다 이겨져

믿음만 있으면 기쁘든지 슬프든지
낙심하든지 놀라든지 다 이겨져

믿음만 있으면 땅이 진동하든지
바다가 흉흉하든지 다 이겨져

믿음만 있으면 세상이 바뀌든지
놀라든지 겁나든지 가 이겨져

믿음만 있으면 천지개벽을 하든지
마음이 담대해져서 다 이겨져

믿음만 있으면 살든지 죽어지든지
마음이 평안해져서 다 이겨져

"그러므로 피곤한 손과 연약한 무릎을 일으켜 세우고
… 저는 다리로 하여금 어그러지지 않고 고침을 받게 하라"(히 12:12-13)

평안

마음속 평안을 깨기 싫어서
무슨 말을 들어도 그냥 웃기만

눈으로 보이고 힘든 것 많아도
마음은 담담하게 그냥 미소만

마음에 깊은 회한과 슬픔이 와도
표정은 그냥 조용하게 잠잠하게

세상에서 다시는 얻을 수 없는
마음에 오는 그 평안이 귀하니

무슨 일이 닥쳐도 늘 넉넉하게
평안 주시는 주님 아니 늘 편해

"그리스도의 평강이 너희 마음을 주장하게 하라"(골 3:15)

물으시면

주님이 어떻게 살았냐고 물으시면
믿음으로 혼자 살았다고 말하겠어요

혼자서 믿음으로 살다가 늘 외로워서
주님을 날마다 찾았다고 말하겠어요

믿음으로 나가다가 믿지 못하게 방해하는
어둠 때문에 힘들었다고 말하겠어요

그리고 언제나 주님을 알아드리지 못하고
믿음이 되지 못해 고생했다고 말하겠어요

그러나 시련 속에서 항상 주님을 찾았더니
주님 사랑을 만나 고마웠다고 말하겠어요

그리고 잘 믿지 못한 그날을 뉘우치면서
속된 저를 용서해 달라고 애원해 보겠어요

"사랑하는 자들아 너희는 너희의 지극히 거룩한 믿음 위에 자신을 세우며
성령으로 기도하며 하나님의 사랑 안에서 자신을 지키며 영생에 이르도록
우리 주 예수 그리스도의 긍휼을 기다리라"(유 1:20-21)

하루

새벽에 일어나고
아침에 기도하며 낮에 말씀 보고
저녁 감사 찬송으로 마치는 하루

아! 그러면 시간이 부족해
믿음으로 모든 시간 잘게 나누며
드리고 또 드리면서 가는 오늘 하루

진심으로 기도하면서
모든 것을 주님께 드리는 하루를
우리 주님은 얼마나 기뻐하실지

잘한다고 하시면서
고마워하시면 얼마나 좋을지
수고하고 잘했다고 말씀하시면

오늘이 너무나 감사해서
마음으로 영으로 찾아가는 믿음의
그 하루가 더 좋은 벅찬 하루

"그런즉 사랑하는 자들아 이 약속을 가진 우리는
하나님을 두려워하는 가운데서 거룩함을 온전히 이루어
육과 영의 온갖 더러운 것에서 자신을 깨끗하게 하자"(고후 7:1)

크신 사랑

한순간 밀려오는 은혜는
우리 알아주신다는 의미

마음과 마음이 마주치면
끊임없이 드러나는 생기

마음과 영으로 바라보면
들어오는 벅찬 에너지가

허기진 마음을 채워주고
메마른 영혼을 적셔주는

신비만 오면 다 되는 그
영혼의 기쁘고 신비한 길

하늘 은혜만 내려오면 되는
믿음으로 가는 귀한 그 길

"사랑하는 자들아 우리가 서로 사랑하자 사랑은 하나님께 속한 것이니
사랑하는 자마다 하나님으로부터 나서 하나님을 알고"(요일 4:7)

150

사람

우리는 믿음으로 늘 가야 하는데
왜 이거는 되고 저거는 안 되나

우리 모두 나그네 같은 처지인데
왜 이곳은 되고 저곳은 안 되나

우리 사랑으로 같이 가야 하는데
왜 여기서는 되고 저기는 안 되나

우리 믿음으로 같이 가야 하는데
왜 이것들은 되고 저것들은 안 되나

우리 안 되는 것이 너무 많아서
마음이 어설픈 육신의 사람인데

우리 언제까지 같이 하지 못하고
왜 세상만 알고 세상만 기뻐하나

"형제들아 내가 너희를 권하노니 너희가 배운 교훈을 거슬러 분쟁을 일으키거나
거치게 하는 자들을 살피고 그들에게서 떠나라"(롬 16:17)

생각

육신의 부정적인 생각은
언제나 하나님과의 사이를 막으나
긍정적인 생각은 하나님과 마음이 통한다

우리 서로 마음을 드리고
귀하신 하나님을 높여드리려면
마음 생각부터 그 시작이 옳은지 그른지

육신의 굳은 사고 무너져
어리석은 자신을 아는 믿음 없으면
성장 성숙 없으니 우리 생각을 바르게 하고

모든 생각을 주님께 맞추어
자신을 낮추며 나가야 하는 길에서
주님께 마음 드리며 가야 하는 우리 믿음

"자기의 육체를 위하여 심는 자는 육체로부터 썩어질 것을 거두고
성령을 위하여 심는 자는 성령으로부터 영생을 거두리라"(갈 6:8)

나의 사명

내가 나를 사랑하는 것은
나 아시는 주님을 아니
나도 나를 사랑하는 나

주님의 크신 사랑을 보면서
다른 사람을 사랑하는 것이
믿음으로 나의 할 일

나 이끄시는 주님을 보면서
다른 이를 주님께 이끌고
주님을 전하는 것이 나의 일

나 구원해 주신 주님 때문에
다른 이에게 주님을 전하며
사는 것이 곧 나의 사명

"내가 복음을 부끄러워하지 아니하노니
이 복음은 모든 믿는 자에게 구원을 주시는 하나님의 능력이 됨이라"(롬 1:16)

무능

나는 무엇이든지 할 능력이 없다
믿음 안에서 어떻게 일해야 할지

주님을 어떻게 감동시킬 수 있을지
주님을 어떻게 편안하게 해드릴지

주님을 어떻게 시원하게 해드릴지
주님 마음에 큰 기쁨을 드려야 할지

어떻게 주님을 높여드릴 수 있을지
어떻게 주님을 행복하게 해드릴지

늘 어떻게 주님을 사랑할 수 있는지
나는 언제나 할 수 있는 일이 없다

"죄가 너희를 주장하지 못하리니
이는 너희가 법 아래에 있지 아니하고 은혜 아래에 있음이라"(롬 6:14)

누구인지

안에서 속삭이는 그 주체가 누구인지
그 수 없는 속삭임이 나인지 사단인지

내 속 안에 들어있는 것이 무엇인지
마음을 살피고 아는 것이 너무 힘들어

마음속 모든 일 속에서 속삭이는 것이
사단인지 내 생각인지 무엇을 말하는지

복잡한 심령 속에 아무것도 모르는 나
성령의 인도가 없으면 안 되는 그 길에

믿음이 되지 못하는 그 안일함 속에서
조종하는 것이 나의 감정인지 사단인지

"마귀를 대적하라 그리하면 너희를 피하리라"(약 4:7)

자유

나 어디에 가 있어도 관계없어요
나 어떤 어려움이 와도 관계없어요

주님만 참되게 믿으면 관계없어요
문제 때문에 근심해도 관계없어요

속되고 추하다고 해도 관계없어요
무지 무능하다고 해도 관계없어요

세상 모두 다 소용없고 관계없어요
믿음만 되면 다른 것은 관계없어요

"그리스도의 평강이 너희 마음을 주장하게 하라 너희는 평강을 위하여 한 몸으로 부르심을 받았나니 너희는 또한 감사하는 자가 되라"(골 3:15)

주님 은혜

빈 마음으로 불현듯 주님을 생각하다가
느닷없이 은혜가 오면

마음은 어느 사이 뜨겁고 풍성한 용광로
속 안에 생기가 피어오르고

찬란한 은혜로 몸과 마음이 벅차오르면
마음은 피어나는 뭉게구름

비고 빈 마음을 주님 은혜로 채우면서
주님 향한 마음만 되면

마음 안에서 말씀이 능력으로 가득 차는
주님 은혜가 고마운 하루

"주께서 택하시고 가까이 오게 하사 주의 뜰에 살게 하신 사람은 복이 있나이다
우리가 주의 집 곧 주의 성전의 아름다움으로 만족하리이다"(시 65:4)

일어섬

모든 실패와 시련은
성숙으로 들어가는 문이니
자꾸 실패한다고 우리 실망하지 말자

실패 없이 성공이 없고
시련 없이 영적 성숙이 없으니
어디서나 잘못 간다고 말하지 말자

믿음으로 오는 여러 가지
실패와 시련이 주는 고된 훈련
그것 없으면 안 되니 낙심하지 말자

실패하고 무너지는 것 없이
다시 사는 부활 생명이 없으니
넘어져도 다쳐도 마음 다해 일어나자

그 나라 가기까지
수고하면서 가는 이 믿음의 길
모든 삶이 어려워도 즐겁게 나아가자

"악인이 만일 그가 행한 모든 죄에서 돌이켜 떠나 내 모든 율례를 지키고
정의와 공의를 행하면 반드시 살고 죽지 아니할 것이라"(겔 18:21)

영혼의 닻

우리 근심하는 마음으로
주님만 의지하며 나가는 그곳에
참된 소망이 어리면 좋겠습니다

우리 삶이 고단한 길에서
마음을 다스리고 나가는 그곳에
참된 기쁨이 서리면 좋겠습니다

우리 마음에 쌓이는 고통
마음이 좌절하고 낙심하는 그곳에
참된 사랑이 흐르면 좋겠습니다

우리 매사에 나태한 마음
세상 근심과 갈등으로 힘든 그곳에
참된 믿음의 사람이 되면 좋겠습니다

"우리가 이 소망을 가지고 있는 것은
영혼의 닻 같아서 튼튼하고 견고하여 휘장 안에 들어 가나니"(히 6:19)

기쁜지

주님이 얼마나 고마운지
주님 한 분으로 편안한지 평안한지

주님이 얼마나 마음 든든한지
주님 믿으면 힘이 되고 은혜가 되는지

주님이 얼마나 좋은지
주님을 알면 기쁘고 소망이 되는지

주님이 얼마나 즐거운지 기쁜지
주님 때문에 한 날이 귀한지 벅찬지

주님이 어떻게 의지가 되는지
주님을 보면 얼마나 사랑이 되는지

"하나님의 나라는 먹는 것과 마시는 것이 아니요
오직 성령 안에 있는 의와 평강과 희락이라"(롬 14:17)

주님 마음

너는 가만히 있어 바라만 보라
내가 무엇을 어떤 일을 하는지
무슨 생각을 하는지 바라만 보라

내가 너를 어떻게 키웠는지
내 교훈으로 어떻게 가르쳤는지
너를 어떻게 붙들어 주었는지

너의 가는 길을 어떻게 여는지
너를 어떻게 알고 지켜주는지
내가 너를 어떻게 새롭게 하는지

새로운 일을 열어 보이며
너를 얼마나 아끼는지 돌보는지
사랑하는지를 알라 나의 사람아

"여호와는 네게 복을 주시고 너를 지키시기를 원하며"(민 6:24)

나의 힘

내 안의 것 찾으시는 주님
바르지 못한 것들을 다 들추어내시면

물질 재능 지식 건강 등
많이 쌓인 것 깊고 깊은 속 안의 것들

모두 다 꺼내어 보이시면
버리기만 하면 가파르게 올라가는 믿음

우리 마음 다해 진정으로
낮추기만 하면 성장 성숙하는 우리 믿음

우리 모든 것 비우면서
나의 자랑 버리면 올라가는 우리의 믿음

"주 여호와는 나의 힘이시라 나의 발을 사슴과 같게 하사
나를 나의 높은 곳으로 다니게 하시리로다"(합 3:19)

162

큰 선물

우리 환난 중에 위로를 받는 것도
위로 중에 근심 걱정하는 수고도
큰 믿음 주시려는 주님 큰 선물입니다

우리 아프고 울다가 지치는 것도
자다 깨다가 밤을 지새우는 것도
큰 믿음 주시려는 주님 큰 은혜입니다

우리 당하는 고난과 힘 드는 것도
열리는 길에 오는 사단의 술수도
큰 믿음 주시려는 주님 큰 은총입니다

우리 맛보는 삶에 멸시받는 것도
멸시 중에 마음이 좌절하는 것도
큰 믿음 주시려는 주님 큰 사랑입니다

"나는 마음이 온유하고 겸손하니 나의 멍에를 메고 내게 배우라
그리하면 너희 마음이 쉼을 얻으리니"(마 11:29)

다 몰라

세상 근심이 많으면
지혜 지식으로 나가고

고통 질고가 많으면
작정 기도로 나가지만

거기서 마음은 힘들고
그래서 기도원에 가고

금식과 철야를 하지만
우리 마음에서 만나는

은혜의 주님을 모르면
믿음도 몰라 다 몰라

"무릇 있는 자는 받아 넉넉하게 되되
없는 자는 그 있는 것도 빼앗기리라"(마 13:12)

영혼의 선율

우리 주님만 생각하면
몸과 마음 안에 따스하게 스미는 은혜
은혜에 몸을 맡기면 영혼은 하늘나라

겸손히 몸 낮추고 가는
은밀한 영성의 벅찬 오솔길에서
영혼의 생명이 물결치는 그 울림 속에

신비한 소리가 내려오면
비고 빈 마음은 어느새 천국으로
아련한 마음을 맡기면 주시는 그 은총에

허기진 마음을 적시며
아련히 들리는 사랑의 멜로디
빈 마음에 오는 맑고 밝은 영혼의 선율

"그가 사모하는 영혼에게 만족을 주시며
주린 영혼에게 좋은 것으로 채워주심이로다"(시 107:9)

대동산

나의 사랑하는 동산아 내 마음속으로
훈훈한 성령의 복된 바람 불어다오

나의 슬프고 가난한 마음을 채워 줄
성령의 잔물결 따스한 바람 불어다오

신비한 바람이 영혼 깊이 파동이면서
정겹게 풍성하게 이름답게 불어오면

내 마음은 꽃같이 풍성한 은혜동산
나의 영혼은 찬란하고 벅찬 생명동산

나의 생명 동산에 생생하고 비밀스런
성령의 바람이 광풍같이 늘 불어와서

상한 마음을 홀연히 정겹게 감싸주면
내 영혼은 꽃 같은 심령부흥 큰 동산

마음은 복된 성령의 신비한 은혜동산
믿음은 피어나는 영혼 사랑의 대동산

"그들이 평온함으로 말미암아 기뻐하는 중에 여호와께서
그들이 바라는 항구로 인도하시는도다"(시 107:30)

사모

밤새도록
자신과 씨름을 하다가 밤을 새운다

그 어디를 보아도 어리석은 사람이
날밤을 새운다

바르지 못한 사람이 날밤을 새우며
발버둥을 칠 때

밤을 지새우며 기다리는 그 시간도
주님만 오시면 기뻐

깊은 밤 안에서 만나는 주님 때문에
자꾸 밤을 새우면서

주님을 갈망하다가
은혜를 만나고 주님 사랑을 만난다

"인내를 온전히 이루라 이는 너희로 온전하고
구비하여 조금도 부족함이 없게 하려 함이라"(약 1:4)

성숙으로

우리
섬김과 재능의 초보 안에서
점점 더 능숙하게 나가면

우리
은혜와 사랑의 초보 안에서
점점 그 넓이가 깊어지면

우리
지혜와 지식의 초보 안에서
점점 더 윤활하게 자라면

우리
성숙과 성장의 초보 안에서
빛나게 빨리 자라는 영혼

우리
믿음과 은혜의 초보 안에서
나날이 결실하는 우리 믿음

"여호와여 주는 나의 찬송이시오니 나를 고치소서 그리하시면 내가 낫겠나이다
나를 구원하소서 그리하시면 내가 구원을 얻으리이다"(렘 17:14)

그림

맑은 날 문득 하늘을 보니
맑고 티 한 점 없이 깨끗한데

나도 저런 마음으로 살아가면
나의 영혼은 얼마나 기쁠까

저 맑고 신비스런 저 하늘이
내 마음 같으면 얼마나 좋을까

깨끗하고 맑은 저 하늘에
아름다운 그림을 그려 넣으면

마음은 얼마나 멋있게 보일까
나의 영혼은 얼마나 돋보일까

"내가 무엇을 가지고 여호와 앞에 나아가며 높으신 하나님께 경배할까 …"(미 6:6)

은혜의 흐름

은혜로 글을 보면 그 안에
생명의 맥이 흐릅니다

은혜로 먹고 마시면 그 안에
믿음의 담력이 옵니다

은혜로 일을 하면 그 안에
은혜의 숨결이 파동입니다

은혜로 기도를 하면 그 안에
성령의 능력이 춤을 춥니다

은혜로 노래 부르면 그 안에
천상의 화음이 살아납니다

은혜로 말씀을 보면 그 안에
사랑의 핏물이 지나갑니다

은혜로 사랑하면 그 안에
믿음의 열매가 피어납니다

"너희의 온 영과 혼과 몸이 우리 주 예수 그리스도께서 강림하실 때에 흠 없게 보전되기를 원하노라"(살전 5:23)

170

시간

오늘도 하루 속에 매어
거기에 나를 적응하면서

오늘 하루를 쪼개다 보면
잘난 사람도 별것 없어

시간이 그 사람을 만들고
사람이 그 시간을 만드는

그곳에 믿음이 들어가면
나의 시간도 너무 새로워

그 삶에 믿음이 들어오면
몸과 마음도 매우 풍성해

믿음으로 사는 그 시간에
사랑이 오면 더 아름다워

"하나님이 모든 것을 지으시되 때를 따라 아름답게 하셨고
또 사람들에게는 영원을 사모하는 마음을 주셨느니라"(전 3:11)

간절함

주님 품에만 안기면
세상의 다른 것은 다 소용없어
끝에서 끝까지 영으로 날아다니는

이런 천상의 여행을
꿈속에서 날마다 해보았으면
주님만 있으면 늘 감사하게 사는

이런 천국 잔치 영으로
누려보고 맛보며 살아보았으면
매 순간 은혜로 들어가 보고 싶은

하늘나라 믿음으로 경험하고
영혼으로 날마다 누리며 맛보는
귀한 천국 안으로 들어가 보았으면

"내 마음이 그것을 기억하고 … 이것을 내가 내 마음에 담아 두었더니
그것이 오히려 나의 소망이 되었사옴은"(애 3:20-21)

천만 배

주님이 주시는 사랑은
모든 말로 설명할 수 없는

신비하신 역사하심 속에
마음을 걸 마음이 백배

아무리 해도 갚을 수 없는
절절한 주님 사랑이 오면

마음을 드릴 준비가 천 배
목숨을 걸 마음이 만 배

우리 주님의 사랑을 아니
영혼의 큰 감동은 천만 배

"하나님이 세상을 이처럼 사랑하사 독생자를 주셨으니
이는 그를 믿는 자마다 멸망하지 않고 영생을 얻게 하려 하심이라"(요 3:16)

기대

우리가
힘들어도 믿노라면 반드시
다시 사는 믿음의 날이 돌아옵니다

우리가
힘들어도 믿노라면 반드시
평안으로 사는 족한 날이 돌아옵니다

우리가
힘들어도 믿노라면 반드시
사랑함으로 사는 그날이 돌아옵니다

우리가
힘들어도 믿노라면 반드시
영혼이 잘되는 행복한 날이 돌아옵니다

우리가
힘들어도 믿노라면 반드시
말씀 생명으로 사는 그날이 돌아옵니다

"의인은 그의 믿음으로 말미암아 살리라"(합 2:4)

하늘 백성

늘 주님을 만나지 못해도
너무 정겹고 친밀하신 분

마음으로 느끼기만 해도
존귀하고 은혜로우신 분

주님을 찬양하기만 하면
마음은 어느새 천상으로

마음에 사랑이 솟아나면
영혼은 어느새 천국 시민

우리 서로 마음이 통하면
영혼은 어느새 하늘 백성

" 너로 말미암아 기쁨을 이기지 못하시며 너를 잠잠히 사랑하시며
너로 말미암아 즐거이 부르며 기뻐하시리라"(습 3:17)

낮추시고

주님은 전능하신 분이지만
나 같은 사람에게 오시려고
육신을 입으시고

주님은 위대하신 분이지만
나 같은 사람 위해 말구유
아기로 오시고

주님은 완전하신 분이지만
나 같은 사람을 생각하시어
자신을 잘게 쪼개시고

주님은 존귀하신 분이지만
나 같은 사람에게 오시려고
공기 같이 낮추시고

주님은 거룩하신 분이지만
나 같은 사람 도와주시려고
몸을 영으로 바꾸시고

"여호와의 이름을 찬양할지어다 그의 이름이 홀로 높으시며
그의 영광이 땅과 하늘 위에 뛰어나심이로다"(시 148:13)

이김

늘 쓰라리고 아프고 서럽고
외롭고 쓸쓸하고 텅 빈 마음

그런 내가 전에는 슬펐는데
그것이 믿음에는 귀한 보약

우리 가는 길에 시련이 오면
그들을 물리치고 이기는 마음

우리 가는 길에 힘든 고난과
시련으로 나가는 믿음 없으면

지금 나의 믿음 어떻게 자라나
시련을 이기는 믿음이 없으면

지금 나의 마음은 어찌 되고
나의 사람은 어떻게 살아가나

"너는 그리스도 예수의 좋은 병사로 나와 함께 고난을 받으라"(딤후 2:3)

보화

우리 귀한 것 아낌없이 모아서
마음으로 몸으로 모두 던지면
떠나가는 것 보며 마음은 쓰리지만

우리 소중한 보화를 보내려는
마음과 생각이 너무나 중요해
마음을 던지고 소중한 보화 던질 때

우리 사랑으로 보내고
진정한 믿음으로 떠나보내면
던지고 싶고 더 많이 보내려는 사람

우리 던지고 던지면서 가는
섬김으로 가는 이 믿음의 길
허비하고 비우며 가는 순종의 그 길

"눈물을 흘리며 씨를 뿌리는 자는 기쁨으로 거두리로다"(시 126:5)

함께 가는 길

주님
제가 지금 주님께 나아가기 원하오니
저를 바르게 인도해 주소서

주님
제가 지금 주님 계심을 믿사오니
어서 저에게로 와주소서

주님
제가 지금 주님 알기를 원하오니
말씀으로 저를 붙들어 주소서

주님
제가 지금 주님 뵙기를 구하오니
저의 기도를 속히 들어주소서

주님
제가 지금 주님 안에 살기 원하오니
동행하는 마음을 갖게 해주소서

"그가 내게 간구하리니 내가 그에게 응답하리라 …"(시 91:15)

극복

나는 늘 정을 주지만 외면하면 할 말이 없고
마음으로 사랑하지만 냉정하면 마음이 시려

어디나 사랑은 하지만 사랑이 오는 데는 없고
언제나 희생을 하지만 희생해 주는 사람 없어

오늘도 말은 잘하지만 실천하지 못하는 사람
그 사람이 바로 나라면 육신은 얼마나 추한지

냉정한 바로 그 사람이 나라면 얼마나 나쁜지
다시 돌이키며 나를 다시 보는 나의 그 사람

"수고하고 무거운 짐 진 자들아
다 내게로 오라 내가 너희를 쉬게 하리라"(마 11:28)

노래

새벽에 부르는 노래가 있다
오늘도 주님을 사랑합니다

정오에 부르는 노래가 있다
하루 삶 주시어 감사합니다

저녁에 부르는 노래가 있다
오늘 잘 지내서 고맙습니다

마음을 드리면서 나아가면
힘들었던 그 하루도 즐거워

우리 서로 주님 사랑 안에서
기쁘게 여기며 기도하는 말

하나님 아버지 고맙습니다
하나님 아버지 사랑합니다

그러면 기쁘고 행복한 마음
믿음으로 사는 좋은 이 하루

"내 영혼아 여호와를 송축하며 그의 모든 은택을 잊지 말지어다"(시 103:2)

진정한 믿음

우리 모두가 모르니 모르니까 죄인
마음이 아니라 느낌이 없으니 죄인

세상 말만 하면서 살리는 말 모르고
자기 일만 하면서 주님 일을 모르는

무감각하고 둔한 믿음 없는 그 모습
세상 삶으로 가는 세상에 물든 사람

자신 안에 갇혀서 늘 자신으로 가고
육신에 갇혀서 자기만 아는 그에게

주님 말씀 새롭게 들어와 은혜 되면
마음이 살아나고 영혼도 피어오르고

영혼이 새로워지니 믿음도 번성하고
하늘 생명으로 살아나니 은혜로 사는

영혼을 감동시키는 주님의 귀한 은혜
주님께 나가는 진실하고 순전한 믿음

"우리가 마음에 뿌림을 받아 악한 양심으로부터 벗어나고 몸은 맑은 물로 씻음을 받았으니 참 마음과 온전한 믿음으로 하나님께 나아가자"(히 10:22)

또한 감사

모든 것을 잃어버리는 것은 나 때문
나의 소유 빼앗기는 것도 나 때문

악한 파트너를 만나는 것도 나 때문
불의한 사람을 만나는 것도 나 때문

그를 통하여 나를 훈련시키시는 주님
문제를 통하여 세워지는 연달한 믿음

그러면 나쁜 사람도 미운 사람도 감사
그를 통하여 부족한 믿음이 늘 보이면

어떤 어려움이 와도 슬픈 일도 감사
어떤 어려운 사건이 와도 너무 감사

그를 통하여 훈련시키시는 주님 앞에
마음을 비우며 매일 믿음으로 나가면

그냥 잘 되어도 감사 안 되어도 감사로
다시는 그러면 안 되니 이 또한 감사

"심령이 가난한 자는 복이 있나니 천국이 그들의 것임이요"(마 5:3)

참된 치료제

세상에 좋은 약 많지만
참된 치료제는 주님 한 분뿐

나에게 좋은 약 많지만
다른 약들은 다 보조치료제

세상 좋은 음식 많지만
주님의 말씀만이 참된 양식

세상에 좋은 음식 많지만
다른 것은 모두 보조 양식

믿음 안에서 진정한 치료제는
생명이신 우리 주님 한 분뿐

세상 것은 다 보조치료제
생명의 효력이 없는 보조 양식

주님만이 우리의 생명을 살리는
참된 생명 양식 참된 치료제

"내 이름을 경외하는 너희에게는 공의로운 해가 떠올라서
치료하는 광선을 비추리니 …"(말 4:2)

살아나고

나의 황량한 마음자리에
은밀하게 들어오는 은혜

숨쉬기조차 어려운 곳에
조용히 바람처럼 공기처럼

복음이 지나가는 그 속에
영혼이 살아나기만 하면

황량한 감정 즉시로 천국
살벌한 마음 그대로 천국

은혜와 사랑 복된 말씀에
영혼이 살아나기만 하면

너도나도 세상도 만물도
그대로 생생하게 살아나고

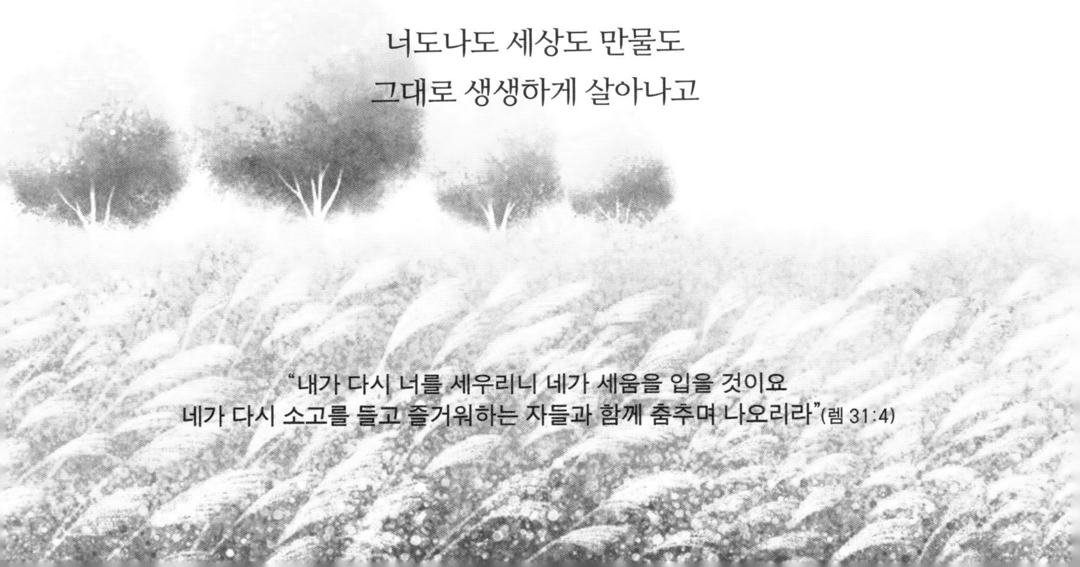

"내가 다시 너를 세우리니 네가 세움을 입을 것이요
네가 다시 소고를 들고 즐거워하는 자들과 함께 춤추며 나오리라"(렘 31:4)

노년

어디 갈 곳도 올 곳도 없다
이것이 나이든 노년의 현주소

나이 들수록 세상이 멀어지고
시간이 갈수록 인적이 끊긴다

우리 조용하고 고적한 시간을
믿음으로 채워가며 사는 오늘

주님을 바라고 사는 하루 시간
그 은혜가 너무 고맙고 벅차면

늙음도 고마워 나이도 감사해
주님 바라고 살아가는 마음에

주신 믿음이 즐겁고 좋은 하루
주님 의지하는 믿음이 큰 기쁨

"너희가 노년에 이르기까지 내가 그리하겠고
백발이 되기까지 내가 너희를 품을 것이라 …"(사 46:4)

수준

수준이 낮으면 낮은 대로
수준이 높으면 높은 대로

사람마다 수준이 다르고
개인의 수준으로 가는데

낮은 수준 자리에 오시어
위로해주시는 우리 주님

수준이 없는 곤한 마음에
주님이 가득 들어오시면

그 수준이 낮거나 높거나
무엇이 그리 문제가 되나

우리 같은 마음이 되어서
서로 사랑하면 다 되는데

"너희 안에 이 마음을 품으라 곧 그리스도 예수의 마음이니"(빌 2:5)

복된 기쁨

훌륭하고 멋진 요리사가
맛있는 음식을 곧 만들면

상 차리는 것이 즐거워져
음식을 나르는 것이 기뻐

만든 음식들을 맛있게
기쁨으로 감사히 먹으며

맛있는 음식을 서로 나누면
세상 그 삶도 모두 즐거워

무슨 일을 하든지 진심으로
마음에 오는 복된 기쁨으로

맛있게 마실수록 배부르고
맛있게 먹을수록 마음 즐거워

"주 예수를 믿으라 그리하면 너와 네 집이 구원을 받으리라 하고"(행 16:31)

사랑

사랑은 같이 있고
외로운 마음과 슬픈 사정을 알고
말없이 곁을 지켜주는 것입니다

사랑은 배려하고
사람의 약하고 부족하고 거친 것
조용히 덮어주는 것입니다

사랑은 인내하며
사람의 실수와 죄와 허물 버리고
돌아오기를 기다리는 것입니다

사랑은 비우고
지식과 품격 물질 모두 비우면서
원하는 것 들어주는 것입니다

사랑은 불사르는 것
온몸과 마음과 영혼 불사르면서
자신을 내어주는 것입니다

"사랑은 여기 있으니 우리가 하나님을 사랑한 것이 아니요 하나님이 우리를 사랑하사 우리 죄를 속하기 위하여 화목 제물로 그 아들을 보내셨음이라"(요일 4:10)

날마다

속 안에서 은밀하게 솟아오르는 은혜
무심하게 마음속에서 흘러나오는 희열

기쁨 희락 평안 평강에 벅찬 영혼
풍성한 마음으로 살아가는 오늘 하루

천상의 복된 은혜가 너무나 정겨운 날
주님 사랑이 들어와 마음 안에 가득 차면

마음은 풍성하고 영혼 몸은 새로워지고
주님 은총은 기름지고 믿음은 성숙하고

"나를 믿는 자는 성경에 이름과 같이
그 배에서 생수의 강이 흘러나오리라 하시니"(요 7:38)

성령의 열매

우리가 열매 신앙으로 나가려면
우리 마음속 모든 것 다 비워야 합니다

우리가 주님 생명으로 채우려면
거칠고 질퍽한 영혼을 일으켜야 합니다

우리가 눈물로 씨를 뿌리려면
세상 모든 것 다 넘을 수 있어야 합니다

우리가 생명으로 태동하려면
씨앗의 고통과 아픔을 감수해야 합니다

우리가 주님 생명으로 살아가려면
경건에 사랑으로 믿음을 더해야 합니다

우리가 성장 성숙으로 나가려면
믿음 절정 성령의 열매를 맺어야 합니다

"오직 성령의 열매는 사랑과 희락과 화평과 오래 참음과 자비와 양선과 충성과 온유와 절제니 이같은 것을 금지할 법이 없느니라"(갈 5:22-23)

은혜의 사람

은혜를 받은 사람
은혜를 입고 은혜로 사는 사람

온갖 질고와 마음의 갈등과
영혼의 굴곡을 넘어

은혜로 가면서 은혜를 누리며
은혜로 사는 은혜의 사람

주님만 생각하면 올라오는 은혜
신속하게 번성하는 은혜

믿음으로 가는 천상의 그 나라
무궁무진한 은혜의 나라

온갖 삶의 좌절과 한으로 뭉친
영혼의 질고를 넘어

은혜를 받고 은혜로 살아가는
은혜의 사람 믿음의 사람

"… 나는 부활이요 생명이니 나를 믿는 자는 죽어도 살겠고
무릇 살아서 나를 믿는 자는 영원히 죽지 아니하리니 …"(요 11:25-26)

각오

우리도 남처럼 비우고 빌 준비되었는가
나의 마음도 남처럼 낮출 준비되었는가

늘 언제나 비우고 또다시 비우면서
마음으로 죽어지고 다시 비워질 준비

세상 체면과 허세 자기 자랑 버리고
말씀과 동역하면서 순종으로 나가는

믿음의 길로 나갈 마음 너는 되었는가
우리도 주님 마음 따를 각오되었는가

"… 나는 세상의 빛이니 나를 따르는 자는 어둠에 다니지 아니하고 …"(요 8:12)

중심

불시에 마음이 불안하면
얼른 말씀을 보겠습니다

불시에 나쁜 생각이 오면
속히 기도하겠습니다

불시에 마음이 서러우면
바로 돌아서겠습니다

불시에 문제가 밀려와도
말씀을 생각하겠습니다

불시에 몸 마음이 아파도
주님만 기억하겠습니다

불시에 근심 걱정이 오면
주님만 바라보겠습니다

"하나님은 우리의 피난처시요 힘이시니 환난 중에 만날 큰 도움이시라"(시 46:1)

신앙 여정

애굽 시절 부르짖던 기도가 있다
아무리 채우고 가져도 만족을 몰라
세상 속에서 육신의 헛된 욕망으로 나가면서
노예근성으로 사는 것 알지 못한다

광야 시절 부르짖던 기도가 있다
밤낮으로 무거운 짐을 싸고 풀고
하늘의 만나와 메추라기를 늘 먹어도
하나님이 계신지 아닌지 전혀 믿지를 못한다

가나안에서 부르짖던 기도가 있다
씨를 뿌리지 않으면 먹을 것이 없어
안일하고 편하고 나태하다가 열매도 없이
모두가 타락으로 가는 것 전혀 알지 못한다

그러다가 푸른 하늘이 열려서
영혼의 밝은 해가 두둥실 떠오르면
영혼이 부르는 아름다운 노래가 있다
하늘가는 벅찬 생명으로 사는 날이 돌아온다

"너희는 여호와를 만날 만한 때에 찾으라 가까이 계실 때에 그를 부르라"(사 55:6)

또 하나

주님 믿어지는 마음 그 누가 주나
하늘을 나는 그 은혜 어디서 오나

주님이 늘 믿어지고 알아지는 것은
하늘에서 내려오는 은혜로만 되지만

영의 지식이 열리고 지각이 열리면
교만한 속성을 버리고 낮출 줄 알아

거기에 믿음을 아는 지혜 지식은 하나
거기에 믿음이 더해지면 주님과 하나

거기에 주님을 더해도 우리 다 하나
거기에 나를 더해도 모두 다 또 하나

모두 주님으로 더해지는 하나 속에
서로 하나 되어 사는 것이 우리 믿음

"하나님을 가까이하라 그리하면 너희를 가까이하시리라 …"(약 4:8)

보이고

자신의 추한 허물을
하나도 모르던 사람이

나 생각하는 것도 죄
나만 아끼는 것도 죄

나만 챙기는 것도 죄
나만 위하는 것도 죄

어디서나 나만 알다가
나만 하다 가버린 시간

나만 알던 사람이
나를 보는 것이 은혜

믿음으로 나도 보이고
주님 보는 것이 은혜

"사람의 행위가 자기 보기에는 모두 정직하여도
여호와는 마음을 감찰하시느니라"(잠 21:2)

도움

주여 무능한 제가 믿음이 흔들리오니
불의한 그물에 걸리지 않게 도와주십시오

주여 부족한 제가 믿음이 연약하오니
교만한 사슬에 걸리지 않게 도와주십시오

주여 미련한 제가 믿음이 자고하오니
위선의 올무에 걸리지 않게 도와주십시오

주여 연약한 제가 믿음이 무지하오니
허탄한 꾀임에 걸리지 않게 도와주십시오

주여 무지한 제가 믿음이 요동하오니
허영과 독선에 걸리지 않게 도와주십시오

"이는 그가 너를 새 사냥꾼의 올무에서와
심한 전염병에서 건지실 것임이로다"(시 91:3)

풍성한 사랑

늘 불의한 사람이
항상 불의한 맛을 즐기면서

불의한 욕망 가운데
세상의 불의한 물을 마시며

불의한 모습으로
불의하게 살아가는 사람을

버림당하지 않게
불의한 옷을 벗게 하시고

불의한 마음을 정케 하시고
보혈로 몸을 씻어주시고

불의를 감싸주심이 큰 은혜
죄 씻어주신 것이 큰 사랑

"긍휼이 풍성하신 하나님이 우리를 사랑하신 그 큰 사랑을 인하여"(엡 2:4)

생명 길

마음을 드리면
생명의 말씀 여기저기 조금씩
맛보는 그 은혜가 마음을 채운다

의지를 드리면
가는 걸음은 상하고 마음 아파도
감사한 그 믿음이 사람을 살린다

정성을 드리면
주님 사랑이 마음을 가득 채우면
은혜로운 말씀이 영혼을 살린다

영혼을 드리면
영혼이 맛보는 진한 사랑 안에서
믿음으로 가는 생명 길이 열린다

"아버지께 참되게 예배하는 자들은 영과 진리로 예배할 때가 오나니 곧 이 때라
아버지께서는 자기에게 이렇게 예배하는 자들을 찾으시느니라"(요 4:23)

무지함

주님이
십자가 위에서 당하신 수난과
주님 십자가 위에서 당하신 아픔이
나의 허물 때문인 것 알지 못했습니다

주님이
십자가 위에서 받으신 멸시가
주님이 십자가 위에서 받으신 고통이
나 건지기 위한 것임을 알지 못했습니다

주님 지신
십자가가 나의 수치로 알기까지
주님의 십자가가 나의 능력이 되어
나 살리는 것을 조금도 알지 못했습니다

주님의 처절한
육신의 피 흘리시는 그 고통이
나의 영혼 몸을 살리시는 구원의 길
내 영혼의 효험인 것 통 알지 못했습니다

"… 우리 주 예수 그리스도의 십자가 외에 결코 자랑할 것이 없으니 …"(갈 6:14)

제3부

"우리에게 향하신
여호와의 인자하심이 크시고
여호와의 진실하심이
영원함이로다 할렐루야"
– 시편 117편 2절

그 나라

문득 하늘을 쳐다보니
너무나 맑고 투명하다

맑고 밝은 몸 마음으로
맑게 살아가기만 하면

올라오는 말씀의 은혜
소생하는 영혼의 선율

은혜의 기쁜 파노라마
영혼의 전주곡 앞에서

생명 말씀 설교 소리가
쟁쟁한 소리로 들리면

영혼은 풍성스런 은혜
믿음은 아름다운 나라

"주께서 내 마음에 두신 기쁨은
그들의 곡식과 새 포도주가 풍성할 때보다 더하니이다"(시 4:7)

믿음의 열매

늘 떨어지는 것 주워 담으면
차오르는 은혜가 마음 한가득

자꾸 하나씩 주워서 담으면
무르익은 열매가 마음 또 한가득

내려오면 줍고 또 줍기만 하면
가득 차는 생명의 양식

주시는 것 마음에 담고 담으면
마음 가득한 사랑의 열매

익은 열매 하나씩 나르다 보면
알곡으로 가득 찬 은혜 창고

열매 창고를 바라보면 볼수록
가득히 들어오는 만족한 희열

넘치는 기쁨으로 감사만 하면
수북이 더 쌓이는 주님의 은혜

"누구든지 그의 말씀을 지키는 자는 하나님의 사랑이 참으로 그 속에서 온전하게 되었나니 이로써 우리가 그의 안에 있는 줄을 아노라"(요일 2:5)

말씀 은혜

말씀의 은혜가 온다면
그것은 내 힘이 아니다

말씀을 읽고 들으면서
날마다 나가는 일 없이

주님 말씀이 쓴지 단지
조금도 아는 길 없어

그러나 말씀이 그 귀에
쟁쟁히 들리기만 하면

마음 안에 스미는 은총
맑아지는 우리의 영혼

그것은 하나님 은혜이지
전적으로 내 힘 아니다

"하나님이여 내 속에 정한 마음을 창조하시고
내 안에 정직한 영을 새롭게 하소서"(시 51:10)

204

힘주시네

사람은 우리에게 상처를 주고
사람은 우리로 포기하게 하나

주님은 우리 마음 알아주시고
주님은 우리 마음 믿어 주시네

이웃은 우리를 차갑게 대하고
이웃은 우리 냉정하게 대하나

주님은 우리에게 친밀하시고
주님은 우리에게 자비하시네

세상은 우리에게 근심을 주고
세상은 우리에게 실망을 주나

주님은 우리에게 소망 주시고
주님은 우리에게 힘을 주시네

"… 그리스도 안에서 하늘에 속한 모든 신령한 복을 우리에게 주시되"(엡 1:3)

물 댄 동산

하늘에서 오는 은혜
우리 안에 늘 채우면
마음의 기쁨이 된다

하늘에서 오는 기쁨
한마음 가득 담으면
삶의 큰 능력이 된다

하늘에서 오는 만나
주워서 담고 담으면
영혼의 양식이 된다

하늘에서 오는 평안
마음에 수북 쌓이면
믿음의 보화가 된다

"너를 항상 인도하여 메마른 곳에서도 네 영혼을 만족하게 하며 네 뼈를 견고하게 하리니 너는 물 댄 동산 같겠고 물이 끊어지지 아니하는 샘 같을 것이라"(사 58:11)

큰 능력

믿음이 온 후에 오히려
모든 것을 잃어버린 나

체면도 명예도 자존심도
고집도 다 잃어버리고

자랑도 지혜 지식 능력도
재물 재능 세상도 친구도

모두 다 잃고 벗은 후에
새로 얻은 이 우리 주님

지금의 나로 살기 위해
모두 잃어버리고 망해도

마음으로 감사하는 것은
주님 아는 큰 능력 때문

"너희 믿음이 사람의 지혜에 있지 아니하고
다만 하나님의 능력에 있게 하려 하였노라"(고전 2:5)

믿음만 오면

우울한 우리 마음속으로
주님이 오시면 다 된다

서광이 비치듯이 말씀의
은혜만 오면 다 된다

이 알 수 없는 노여움과
번민하는 슬픈 마음속에

정욕의 불꽃 안목의 차가움
이생의 야망이 춤추는 곳에

주님 은혜가 오고
믿음만 오면 다 된다

"우리는 들은 것에 더욱 유념함으로
우리가 흘러 떠내려가지 않도록 함이 마땅하니라"(히 2:1)

모심

주님을 찬양하는 성악가는
노래를 부르다가 은혜를 받는다
주님을 그려보는 미술가는
그림을 그리다가 사랑을 받는다
주님 아름다움이 어떠한지
천상의 나라가 얼마나 좋은지
꿈으로 마음으로 노래하고
하늘을 바라보다가 잠 못 이룬다

사람들은 재능에 따라서
슬퍼하고 기뻐하며 마음으로
그림을 그리고 노래 부르면서
주님을 사모하다가 날이 밝는다
그리고 주님을 기다리며
기도하고 사랑하고 따르다가
말씀 속에서 주님을 그리면서
잠이 들면 꿈속에서 주님을 만난다

"내가 여호와를 항상 내 앞에 모심이여 그가 나의 오른쪽에 계시므로
내가 흔들리지 아니하리로다"(시 16:8)

주시는 은혜

주님 이 죄인이 누구이기에
십자가의 보혈로 모든 죄 사해 주시고
저의 모든 병을 다 치료해 주십니까

주님 이 죄인이 누구이기에
말씀의 떡과 물고기와
살진 소로 늘 기름지게 먹여 주십니까

주님 이 죄인이 누구이기에
푸른 초장 맑은 시냇가에서 살아가며
풍성한 오곡백과로 늘 채워주십니까

주님 이 죄인이 누구이기에
왜 이토록 은혜로 먹이시며
십자가에 죽기까지 절 사랑해 주십니까

"우리의 소망이나 기쁨이나 자랑의 면류관이 무엇이냐
그가 강림하실 때 우리 주 예수 앞에 너희가 아니냐"(살전 2:19)

큰 복

믿음이 오니 악한 질병도 눈치를 보면서
그 모습을 감추니 큰 복이 됩니다

믿음이 오니 악한 마귀도 속된 사단들도
신속하게 물러가니 큰 복이 됩니다

믿음이 오니 서럽고 아픈 마음과 상처도
소리 없이 사라지니 큰 복이 됩니다

믿음이 오니 두려움도 공허한 속도 모두
흔적 없이 가 버리니 큰 복이 됩니다

믿음이 오니 세상 허영도 근심도 모두다
자취 없이 떠나니 큰 복이 됩니다

"… 이는 힘으로 되지 아니하며 능력으로 되지 아니하고
오직 나의 영으로 되느니라"(슥 4:6)

압니다

그동안 믿음으로 변하지 못해
까칠하게 군 것을 이제는 압니다

그동안 매사에 바꾸지 못하면서
먼저 바꾸라는 것 이제야 압니다

그동안 남이 먼저 변하고
잘해주기 바란 것 이제는 압니다

그동안 내가 사랑하지 못하고
차갑게 군 것을 이제야 압니다

그동안 내가 숙여야 하는데
숙이지 못한 것 이제야 압니다

그동안 그 사랑을 경험하니
사랑이 된다는 것 이제야 압니다

그동안 주님을 부르다 보니
믿음으로 사는 것 이제는 압니다

"이는 내게 사는 것이 그리스도니 죽는 것도 유익함이라"(빌 1:21)

기쁘게

주님은
오늘도 부족한 나 위해 일하시고
나의 까칠한 것 뜯어고쳐 주십니다

주님은
오늘도 나를 은혜로 살게 하시려고
수고하시며 인도해 주십니다

주님은
나같이 천한 사람에게 곧 오시려고
주님 체면을 포기해 주십니다

주님은
오늘도 너를 사랑한다고 하시면서
한없이 푸근하게 감싸주십니다

주님은
주님 하신 일 바다를 두루마리 삼아도
다 알 수 없도록 알게 해주십니다

"주께 합당하게 행하여 범사에 기쁘시게 하고 모든 선한 일에 열매를 맺게 하시며 하나님을 아는 것에 자라게 하시고"(골 1:10)

그리스도인

내가 낮아지려는 이유는
그리스도로 살고 싶은 마음 때문
죽어지는 이유도 주님을 믿기 때문

내가 땅을 박차고 일어나고
내 자신에게서 벗어나려는 이유도
주님으로 살고 싶은 마음 때문

나 됨이 그리스도 때문이면
나를 포기하는 힘도 그리스도 때문
일어나는 힘도 오직 그리스도 때문

내가 시련을 당하는 것도
어둔 그늘에서 벗어나려는 이유도
오직 그리스도를 믿는 믿음 때문

"그 중보자는 한 편만 위한 자가 아니나 하나님은 한 분이시니라"(갈 3:20)

승리하는 날

주님이 멸시 천대 이기신 것처럼
그 멸시 천대를 넘어가 보세요
반드시 웃으며 사는 날이 돌아옵니다

주님이 조롱과 핍박을 이기신 것처럼
그 조롱과 핍박을 넘어가 보세요
반드시 기쁘게 사는 날이 돌아옵니다

주님이 사망 권세 이기신 것처럼
질고와 사망 권세 넘어가 보세요
반드시 새롭게 사는 날이 돌아옵니다

주님이 십자가 고통 이기신 것처럼
육신의 마음 고통을 넘어가 보세요
반드시 행복하게 사는 날이 돌아옵니다

"또 하나님 앞에서 아무도 율법으로 말미암아 의롭게 되지 못할 것이 분명하니
이는 의인은 믿음으로 살리라 하였음이라"(갈 3:11)

나

나의 나 됨을 내가 되려고 하니
아무리 애를 써도 안되니 문제

나의 나 됨이 믿음으로만 되는데
내가 나 되려고 힘들게 애를 써도

나의 나 됨이 잘 되지 못한다는데
너는 왜 그리 낙심하고 원망하나

나의 나 됨이 내가 힘 쓴다고 되나
한없이 울어서 되나 아파서 되나

나의 나 됨이 믿음으로만 되는데
왜 그리 애써도 잘 되지 못하나

나의 나 됨이 주님으로만 되는데
왜 그리 우나 마음으로 아파하나

"우리는 그리스도 안에서 그의 은혜의 풍성함을 따라 그의 피로 말미암아 속량 곧 죄 사함을 받았느니라"(엡 1:7)

미래

이른 새벽에 닭이 울면 먼동이 튼다는 것 알고
고동 소리가 귀에 들리면 배가 떠나갈 것을 안다

하늘이 점점 어두워지면 이제 비가 오는 것 알고
머리가 희어지면 인생의 갈길 재촉하는 것 안다

매사에 아는 것은 많은데 우리 주님을 알지 못하고
우리가 아는 것은 많은데 천국을 전혀 알지 못한다

항상 먼 산을 바라보지만 장래를 바라보지 못하고
산천초목을 바라보지만 우주 만물의 주인을 모른다

오늘 하루를 살아가지만 함께 계신 주님을 모르고
높은 하늘을 바라보지만 생명 나라를 알지 못한다

"형통한 날에는 기뻐하고 곤고한 날에는 되돌아 보아라
이 두 가지를 하나님이 병행하게 하사
사람이 그의 장래 일을 능히 헤아려 알지 못하게 하셨느니라"(전 7:14)

주님 뜻

우리를 주님 은혜 안으로 이끄심은
그리고 주님 은총 안으로 이끄심은
오직 믿음으로 나아가게 하심입니다

우리를 주님 신령한 음료 먹이시고
그리고 주님 주신 말씀으로 이끄심은
주님 평안으로 살아가게 하심입니다

우리를 주님 사랑 안으로 이끄심은
그리고 주님 귀한 믿음으로 이끄심은
천국 생명으로 인도하게 하심입니다

우리를 주님 생명 안으로 이끄심은
그리고 주님의 복음 안으로 이끄심은
영생 복락으로 들어가게 하심입니다

"북풍아 일어나라 남풍아 오라 나의 동산에 불어서 향기를 날리라 나의 사랑하는 자가 그 동산에 들어가서 그 아름다운 열매 먹기를 원하노라"(아 4:16)

주님만을

주님을 향해 고백하고 싶은 말이 있다
나 알아주시는 분은 주님밖에 없다고

주님을 향해 고백하고 싶은 마음이 있다
주님만을 위하여 오직 살아가고 싶다고

주님을 향해 고백하고 싶은 진심이 있다
내 마음 다하여 주님께 감사하고 싶다고

주님을 향해 고백하고 싶은 소원이 있다
오직 주님만을 의지하며 나아가겠다고

주님 향해 고백하고 싶은 간절함이 있다
언제나 주님만을 사랑하며 살고 싶다고

"내게 구하라 내가 이방 나라를 네 유업으로 주리니
네 소유가 땅 끝까지 이르리로다"(시 2:8)

자아

믿음으로 나간다고 해도
어느새 돌아서면 자아만 보여

믿음으로 산다고 자부해도
믿음은 간데없고 자아만 보여

세상 말 쏟아내며 즐기는
세상 안에서 자아에 속한 사람

입술이 끝없이 추락하는
자아의 탐욕으로 얼룩진 사람

자아를 믿고 사는
육신에 물든 육신의 들뜬 사람

자아의 능력으로 가는
육신에 젖어 살아가는 사람이

자아의 욕망을 거스르면서
언제 믿음으로 속히 돌아가나

"하나님의 나라는 말에 있지 아니하고 오직 능력에 있음이라"(고전 4:20)

쌓이는 정

주님이 나 사랑하시는 이유
날마다 마음속으로 물어도

잠잠히 나가시는 우리 주님
나도 따라서 묵묵히 나가면

마음 드리고 정을 드리면서
그 침묵 속에서 쌓이는 정

정이 오고 가는 교제 속에
사랑이 움트면 용기가 백배

굳이 사랑한다는 말 없어도
온 마음으로 주고받는 사랑

그거면 족하고 감사한 마음
사랑만 되면 다 되는 우리

"자녀들아 우리가 말과 혀로만 사랑하지 말고 행함과 진실함으로 하자"(요일 3:18)

고백의 의미

나의 진정한 고백
나는 주님만 바라봅니다
그 말 속에 모든 것이 다 들어있습니다

나의 진실한 고백
나는 주님만 늘 의지합니다
그 마음속에 모든 것이 다 들어있습니다

나의 참된 고백
나는 주님만 사랑합니다
그 중심 속에 모든 것이 다 들어있습니다

나의 진솔한 고백
나의 생명은 주님 것입니다
그 고백 속에 모든 것이 다 들어있습니다

"사랑하는 자여 네 영혼이 잘됨 같이
네가 범사에 잘되고 강건하기를 내가 간구하노라"(요삼 1:2)

222

그 빛

둥근 해가 떠오르면
날이 밝은 것을 안다

밝은 해가 떠오르면
산천초목이 춤을 추고

사람들도 깨어 일어나
활개치듯 돌아다닌다

그러나 나의 마음속
그 해는 언제 떠오르나

어둡고 답답한 속으로
밝은 해는 언제 떠오르나

그 빛 떠오르기만 하면
사는 날이 돌아오는데

갈급한 내 마음속에 그
빛은 언제나 떠오르나

"다시는 낮에 해가 네 빛이 되지 아니하며 달도 네게 빛을 비추지 않을 것이요 오직 여호와가 네게 영원한 빛이 되며 네 하나님이 네 영광이 되리니"(사 60:19)

경험

오늘도
추한 것이 들어오고 나가는
그 더러운 마음속에 세균이 번식하면
사망으로 가는 길 뒤늦게 경험합니다

오늘도
마음을 지키는 것이 믿음이라면
이 추한 마음 밀어내고 씻어내는 것이
바른 믿음인 것을 뒤늦게 경험합니다

오늘도
모든 것이 어려운 사람이
육신의 추한 마음을 씻어내기 위해
주님 의지해야 함을 뒤늦게 경험합니다

오늘도
마음은 온통 오물투성이
그러나 믿음으로 돌이키기만 하면
은혜가 된다는 것을 뒤늦게 경험합니다

"나의 대적이여 나로 말미암아 기뻐하지 말지어다 나는 엎드러질지라도 일어날 것이요 어두운 데에 앉을지라도 여호와께서 나의 빛이 되실 것임이로다"(미 7:8)

번성

내일모레도 나는 모른다
후일의 일도 나는 모른다

단지 오늘만 늘 생각하며
오늘을 살아가는 그 하루

지금 내 안에 계신 주님과
믿음으로 사는 것만 안다

오늘을 생각하면 허무하나
오늘이 있기에 내일이 있고

오늘과 지금과 내일이 있는
거기에 말씀이 늘 스며들면

영혼이 불시에 살아난다
믿음이 번성하게 자라난다

"나의 구원이시라 내가 신뢰하고 두려움이 없으리니 주 여호와는 나의 힘이시며
나의 노래시며 나의 구원이심이라
그러므로 너희가 기쁨으로 구원의 우물들에서 물을 길으리로다"(사 12:2-3)

표

주님의 십자가를 다시 보니 그 상함이
나 때문이라는 것 비로소 알았습니다

주님 십자가 위에서의 처절한 싸움이 곧
나 살리는 길이라는 것 이제 알았습니다

주님이 지신 십자가를 바라보니 그 일이
내 죄 때문이라는 것 오늘 알았습니다

주님 십자가의 죽음과 사랑이 나 위한
부활 생명의 길인 줄 뒤늦게 알았습니다

주님의 십자가 없이 영혼 구원이 없으니
십자가가 나 살리는 표 지금 알았습니다

"십자가의 도가 멸망하는 자들에게는 미련한 것이요
구원을 받는 우리에게는 하나님의 능력이라"(고전 1:18)

헛된 육신

나는 육신의 목마름과 허기가
주님이 부르시는 음성인 줄
지금까지 조금도 알지 못했습니다

나는 평생 육신으로 나가다가
주님의 음성을 듣지 못해
오래 걸린 것을 알지 못했습니다

나는 마음 영혼의 번민과
육신의 공허함이 난무해도
그것이 훈련인 줄 알지 못했습니다

나는 속된 마음이 말씀에 닿아야
진리의 주님을 만난다는 것을
헛된 육신은 조금도 알지 못했습니다

"일을 아니할지라도 경건하지 아니한 자를 의롭다 하시는 이를
믿는 자에게는 그의 믿음을 의로 여기시나니"(롬 4:5)

믿는다면

주님 자긍함과 교만으로 뭉친
이 사람을 긍휼히 여겨주십시오

세상 욕망으로 거침이 없는
육신의 아집과 곧은 편견을 넘어

그 허물이 속히 보여야
믿음이 된다는 것 알려주십시오

주님 오만과 자긍으로 뭉친
자기만 알고 자기만 믿고 사는

자기로 가득하게 사무친
자신의 강함을 늘 경험하면서

그 나를 포기하는 것이
믿음이라는 것 알게 해주십시오

"그러므로 자기를 힘입어 하나님께 나아가는 자들을 온전히 구원하실 수 있으니 이는 그가 항상 살아 계셔서 그들을 위하여 간구하심이라"(히 7:25)

영접

마음이 상할 때면
기도하세요 바로 마음이 편해집니다

마음이 슬프면
찬송을 부르세요 바로 시원해집니다

마음이 허전하면
말씀을 보세요 바로 큰 힘이 됩니다

마음이 지칠 때면
마음을 비우세요 바로 겸손해집니다

마음이 아프면
믿음을 붙드세요 바로 소망이 됩니다

"너희를 영접하는 자는 나를 영접하는 것이요
나를 영접하는 자는 나를 보내신 이를 영접하는 것이니라"(마 10:40)

인도

주님 주시는 은혜로 배부르면
모든 근심 걱정이 다 떠나간다

주님 주시는 사랑으로 벅차면
모든 질병이 다 자취를 감춘다

주님은 나의 생명 만병통치약
주님 생명이 채워지면 새로 산다

주님 말씀은 관절을 쪼개는 능력
영혼을 생명의 나라로 이끄신다

그리고 놀라우신 주님 사랑만이
우리를 믿음으로 인도해 가신다

"이 성전의 나중 영광이 이전 영광보다 크리라 …
내가 이 곳에 평강을 주리라 만군의 여호와의 말이니라"(학 2:9)

음성

넓은 들판에서 들리는 힘찬 바람 소리
넓은 바다에 일렁이는 푸른 물결 소리

깊은 곳에서 느끼는 영혼의 우렁찬 소리
어디를 보아도 생애의 희망찬 부름 속에

깃발처럼 펄럭이듯 생명이 춤추는 소리
우주 공간을 향해 부르짖는 영혼의 소리

산천초목은 숨죽이고 주님을 찬양하는데
나는 무엇으로 마음 드리나 정성드리나

우주 만물은 주님을 마음껏 높여드리는데
나는 무엇으로 기쁨 드리나 사랑드리나

"진실로 너희에게 이르노니
죽은 자들이 하나님의 아들의 음성을 들을 때가 오나니
곧 이 때라 듣는 자는 살아나리라"(요 5:25)

의미

내가 무엇 때문에 사는지
일하는지 조금도 모르던 사람이
이제야 그 사는 의미를 안다

내가 무엇 때문에 믿는지
섬기는지 하나도 모르던 사람이
이제야 그 섬기는 의미를 안다

내가 살아가고 죽어지는 의미도
모두 그리스도 때문이라면
일하는 의미도 많이 달라진다

내가 사는 것도 주님으로
내가 죽는 것도 주님이라면
내가 믿는 의미도 크게 달라진다

내가 살고 죽는 모든 의미가
주님의 절절하신 사랑 때문이라면
내가 믿는 의미도 많이 달라진다

"주께서 인생으로 고생하게 하시며 근심하게 하심은 본심이 아니시로다"(애 3:33)

232

주님께

마음 깊은 곳에서 울려오는
나의 영혼의 그윽한 멜로디

사랑의 노래만 울려 퍼지면
나의 마음은 그대로 주님께

마음에 슬픈 노래가 들려도
내 영혼은 진정으로 주님께

마음 깊이 주님 사랑이 오면
나의 영혼과 생명도 주님께

아련한 영혼의 오케스트라가
마음을 울리면 영혼은 주님께

비고 빈 마음에 주님 사랑이
가득 밀려오면 영혼은 주님께

마음의 고운 선율 파노라마 속
가슴이 벅차면 영혼은 주님께

"내 영혼아 여호와를 송축하며 그의 모든 은택을 잊지 말지어다"(시 103:2)

기쁜 나

나는 나라서 지금은 꽤 감사하다
나는 나 아니라면 얼마나 슬플까

내 속의 나도 나 내 겉의 나도 나
속이나 겉이 똑같은 한결같은 나

나의 나 됨이 믿음으로 되는 곳에
임하는 한결같은 주님의 큰 은혜

나의 내가 사는 나의 환경 내 삶에
밖과 겉의 내가 하나 되지 못해도

내 안의 믿음으로 사는 순전한 나
그가 바로 나이면 너무나 기쁜 나

"우리가 살아도 주를 위하여 살고 죽어도 주를 위하여 죽나니
그러므로 사나 죽으나 우리가 주의 것이로다"(롬 14:8)

시선

다람쥐 쳇바퀴 돌듯이
우리 인생은 늘 돌고 돈다

우리가 살아가는 세상에서
지구도 사람도 돌고 돈다

눈에 보이는 모든 것들도
번갈아 돌고 도는 그 속에

나의 마음은 무엇을 향하고
누구를 보고 돌고 도는가

매일 같이 시간도 공간도
지구처럼 늘 돌고 도는데

내 시선은 그 어디를 따라
무엇을 보고 돌아다니는가

"사람은 고생을 위하여 났으니 불꽃이 위로 날아 가는 것 같으니라"(욥 5:7)

키

차도 시동을 걸어야 가듯
무엇이든지 시동이 먼저

가만히 있으면 그저 그래
되는 것이 하나도 없으니

시동 걸듯 다시 시작하는
매일같이 시동 거는 믿음

시동 거는 마음도 없으면
되는 일이 하나도 없듯이

사동 거는 믿음이 없으면
주님을 만날 그 날이 없어

시동 거는 것 믿음의 키로
마음 다해 시동을 늘 걸면

마음 안에 오시는 우리 주
성장 성숙하는 우리 믿음

"네 시작은 미약하였으나 네 나중은 심히 창대하리라"(욥 8:7)

약함

주님은 나를 아시는데
왜 나를 모르냐고 물으시면
저는 도무지 할 말이 없습니다

주님이 나를 돌보시는데
나를 외면하느냐고 물으시면
저는 몸 둘 바를 알지 못합니다

주님이 나를 믿으시는데
모른다고 도리질하는 철부지
그 나를 조금도 알지 못합니다

주님은 늘 보호해 주시는데
주님 모르는 나의 무지한 그를
저는 전혀 믿을 수 없습니다

주님은 나를 사랑하시는데
왜 사랑하지 않느냐고 물으시면
저는 대답할 말 조금도 모릅니다

"가 부득불 자랑할진대 내가 약한 것을 자랑하리라"(고후 11:30)

찬송

온 마음으로 주님을 노래하네
주님의 거룩함을 노래하고 싶네

순결하고 깨끗하신 주님 사랑
주님을 앙망하며 노래하고 싶네

어디서나 감히 바라볼 수 없는
주님을 힘 다해 노래하고 싶네

주님을 온 마음으로 정성 들여
주님의 아름다움 노래하고 싶네

온 영혼과 힘과 마음을 다해서
주님을 영원토록 노래하고 싶네

"나의 생전에 여호와를 찬양하며
나의 평생에 내 하나님을 찬송하리로다"(시 146:2)

종의 기도

여기저기 마음으로 주님을 찾아 헤맬 때
나는 혼자여서 너무 힘들었습니다

이리저리 목매게 주님을 찾아 달려갈 때
너무나 어려워서 많이 아팠습니다

어디서나 항상 목이 마르도록 돌아다닐 때
아무 도움 없어서 속이 상했습니다

사방으로 주님을 찾아가는 험한 길을 돌면서
마음에 쉼이 없어 너무 피곤했습니다

늘 마음으로 주님을 찾고 또 찾아가는 그 마음에
주님을 몰라서 마음이 슬펐습니다

기진하여 생명이 끊어지는 것 같은 그 속에
주님을 만나지 못해서 서러웠습니다

"그러하온즉 우리 하나님이여 지금 주의 종의 기도와 간구를 들으시고
주를 위하여 주의 얼굴 빛을 주의 황폐한 성소에 비추시옵소서"(단 9:17)

주님 계신 곳

마음으로 사모하는 주님
영혼으로 사모하는 주님

지금은 어디에서 빈궁한
내 영혼을 보고 계시나요

내 마음은 이미 주님 앞에
주님은 내 안에 계시는데

나의 전후좌우 그 어디서
슬픈 나를 보고 계시나요

오늘도 주님을 사랑하는데
주님은 그 어디에 계시는지

보이지 않는 주님은 어디서
비천한 나를 보고 계시나요

"여호와의 산에 오를 자가 누구며 그의 거룩한 곳에 설 자가 누구인가 곧 손이 깨끗하며 마음이 청결하며 뜻을 허탄한 데에 두지 아니하며 거짓 맹세하지 아니하는 자로다"(시 24:3-4)

믿음으로

이제 그만
세상을 바라보지 말자

애굽을 바라보던 그들
광야에서 다 죽었다

애굽을 바라보다가
스러진 그들을 보며

세상을 바라보며
세상에 물들지 말자

세상에 속해 날마다
살아가는 사람이

믿음 안에 속해서
믿음으로 살아가려면

세상을 좋아하지 말고
속히 주님께 나아가자

"오직 의인은 믿음으로 말미암아 살리라 함과 같으니라"(롬 1:17)

주님 안에

혼자 일 하는 것 같아도
마음은 이미 주님 함께

혼자 자고 일어나도
마음은 이미 주님 곁에

혼자 즐기고 놀아도
마음은 이미 주님 옆에

혼자 말씀을 읽어도
마음은 이미 주님 앞에

주님과 하나만 되면
마음은 이미 주님 안에

"내가 나의 법을 그들의 속에 두며 그들의 마음에 기록하여
나는 그들의 하나님이 되고 그들은 내 백성이 될 것이라"(렘 31:33)

천국 백성

멀리서
은은히 들려오는 멜로디 소리가
마음을 울리면 영혼은 이미 천국

들리는 소리
마음으로 맛보고 느껴서가 아니라
마음에 주님이 오시면 영혼은 천국

아득히
비밀하게 들리는 부드러운 말씀이
귀에 쟁쟁히 울리면 영혼은 천국

들리는 소리에
말씀이 힘이 되어서 잔잔히 들리면
나의 영혼은 이미 그 나라 천국 시민

아련한
주님 말씀에 잔잔히 영혼이 물들면
슬픈 마음은 이미 청아한 천국 백성

"너희는 귀를 기울이고 내게로 나아와 들으라
그리하면 너희의 영혼이 살리라"(사 55:3)

주님 때문

내가 낮고 비천해지는 것은 주님 때문
우리 소외되고 낮아지는 것도 주님 때문

내가 무능해서 멸시당하는 것은 주님 때문
우리 시련을 당해도 참는 것도 주님 때문

내가 자신을 부인하는 이유는 주님 때문
우리 비우면서 살아가는 이유도 주님 때문

내가 나를 높이지 않는 이유도 주님 때문
우리 자랑으로 나가지 않는 것도 주님 때문

내가 나 외롭게 살아가는 이유도 주님 때문
우리 모든 것 이기는 힘도 오직 주님 때문

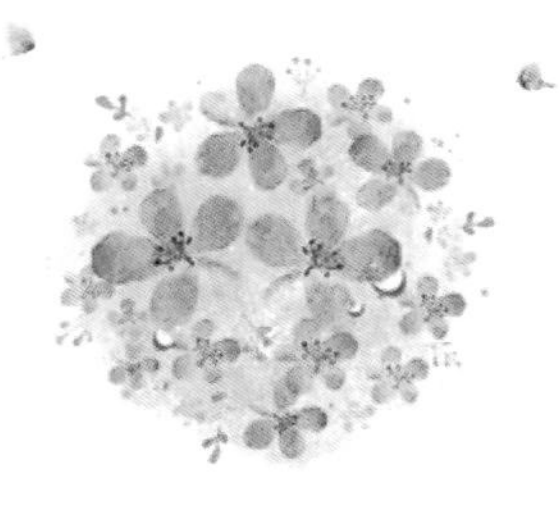

"아무도 자신을 속이지 말라 너희 중에 누구든지 이 세상에서 지혜 있는 줄로 생각하거든 어리석은 자가 되라 그리하여야 지혜로운 자가 되리라"(고전 3:18)

은총

광활하고 크고 큰 세상
넓은 벌판에 홀로 앉아

향방 없이 마음 없이
떠도는 이가 바로 나인데

목적 없이 밤을 새우며
헤매는 그 시간 속으로

은은히 들리는 주님 음성
"내가 너를 사랑한다" 하시는

음성이 오면 마음은 쓰려도
진정으로 주님 바라보면

반기시는 우리 주님을 아니
주님을 믿는 것이 큰 은혜

우리 주님의 사랑 안에서
거하는 것이 가장 큰 은총

**"너희가 내 말에 거하면 참으로 내 제자가 되고
진리를 알지니 진리가 너희를 자유롭게 하리라"**(요 8:31-32)

십자가

주님 십자가가 무엇인가 돌아보니
나의 못된 행실과 마음을 부인하는 것

주님 십자가가 무엇인지 다시 보니
나의 못된 욕망과 소욕을 부인하는 것

주님 십자가가 무엇인지 생각해 보니
나의 못된 판단과 관념을 부인하는 것

주님 십자가가 무엇인지 새롭게 보니
나의 불의하고 못된 자아를 부인하는 것

주님 십자가가 무엇인지 알아보니
나의 우월감과 속된 근성을 부인하는 것

주님 십자가가 무엇인지 새롭게 보니
믿음 아닌 모든 것들을 다 부인하는 것

"우리 살아 있는 자가 항상 예수를 위하여 죽음에 넘겨짐은 예수의 생명이 또한 우리 죽을 육체에 나타나게 하려 함이라"(고후 4:11)

큰 기쁨

숲 가운데 홀로 핀 작은 꽃 하나 그곳에
보는 이는 하나 없는데

풀밭에서 오롯이 핀 아름다운 꽃 한 송이
아련한 모습이 너무 소중해

은밀하게 밀려드는 그윽한 꽃향기 냄새에
온몸과 마음이 취하다 보면

마음은 슬퍼도 아파도 서러워도 큰 기쁨
믿음만 있으면 모두 기뻐

영혼은 크나큰 희락 믿음은 하늘 끝으로
주님만 있으면 영혼은 큰 소망

"내 누이, 내 신부는 잠근 동산이요 덮은 우물이요 봉한 샘이로구나"(아 4:12)

나그네

흘러가는 삶 속에서
떠도는 수많은 세상 군상들
나도 그들과 같이 떠내려간다

어디로 떠나가는지
그 가는 곳은 알 수 없지만
나도 그들과 함께 흘러 떠간다

그 어디로 가는지
피곤에 젖은 사람들을 보며
나도 그들과 같이 묻혀 떠간다

믿음 없는 그곳
방황하는 슬픈 시간 속에
나도 그들처럼 홀연히 떠나간다

"만물의 마지막이 가까이 왔으니
그러므로 너희는 정신을 차리고 근신하여 기도하라"(벧전 4:7)

허기

자꾸자꾸 들어도 양이 안 차
아무리 애를 써도 양이 안 차

자고 놀고 일해도 양이 안 차
여기저기 헤매도 양이 안 차

아무리 퍽 많아도 양이 안 차
돈을 평생 벌어도 양이 안 차

몸 마음은 가지만 양이 안 차
잘하는 줄 아는데 양이 안 차

마음은 만족한 데 양이 안 차
말씀을 늘 보는데 양이 안 차

은혜는 내려오는데 양이 안 차
영혼도 마음도 늘 양이 안 차

누르고 퍼담아도 양이 안 차
차고 넘쳐도 믿음 양이 안 차

"이같이 하면 우리 주 곧 구주 예수 그리스도의 영원한 나라에
들어감을 넉넉히 너희에게 주시리라"(벧후 1:10)

주님 음성

늘 들리는 바람 소리 번개 소리가
영혼을 울리는 천둥소리로 들리면
나는 그것을 주님의 음성으로 듣는다

늘 들리는 그 허무한 소리가
영혼 구원의 나팔 소리로 들리면
나는 그것을 주님의 음성으로 듣는다

늘 들리는 울부짖는 그 소리가
돌아가는 기계 소리처럼 거칠어도
나는 그것을 주님의 음성으로 듣는다

늘 들리는 선견자의 그 소리가
시공을 넘어서 마음 안에 들어오면
나는 그것을 주님의 음성으로 듣는다

늘 들리는 소음이 말씀으로 들리면
몸 마음이 산다 영혼이 피어난다
믿음이 새롭다 마음에 생명이 움튼다

**"내가 진실로 진실로 너희에게 이르노니 내 말을 듣고
또 나 보내신 이를 믿는 자는 영생을 얻었고"**(요 5:24)

250

말씀 능력

천 마디 만 마디 말로도
말씀을 알아듣지 못하던 사람이
오늘도 말씀으로 일어나기 원한다

들으며 듣고 또 들어도
알아듣지 못해서 애쓰던 사람이
말씀을 들으면서 큰 은혜를 받는다

평생을 들어도 듣지 못하는
생명의 말씀 그 음성이 들리면
마음은 이미 가파르게 하늘을 난다

마음에 들리는 정겨운 소리
생명의 음성이 마음을 움직이면
영혼은 이미 그 나라로 뛰어오른다

"문지기는 그를 위하여 문을 열고 양은 그의 음성을 듣나니
그가 자기 양의 이름을 각각 불러 인도하여 내느니라"(요 10:3)

나 하나뿐

그 누가 나 대신 믿어 줄 수 있나
주님을 믿을 수 있는 이는 나 하나뿐인데

그 누가 나 대신 기도 할 수 있나
주님께 기도 할 수 있는 이 나 하나뿐인데

그 누가 나 대신 섬겨드릴 수 있나
주님을 섬겨드릴 수 있는 이 나 하나뿐인데

그 누가 나 대신 돌볼 수 있나
주님을 돌볼 수 있는 이는 나 하나뿐인데

그 누가 나 대신 희생 할 수 있나
주님 위해 희생할 수 있는 이 나 하나뿐인데

그 누가 나 대신 사랑할 수 있나
주님을 사랑 할 수 있는 이 나 하나뿐인데

"이제 내가 사람들에게 좋게 하랴 하나님께 좋게 하랴 사람들에게 기쁨을 구하랴
내가 지금까지 사람들의 기쁨을 구하였다면 그리스도의 종이 아니니라"(갈 1:10)

믿음의 사람

무식하면 소외되고 바보스럽고
멍청하면 게을러도

믿으면 믿을수록 더 어리석고
미련하고 부족해도

이것이 믿음인 줄 전에는 전혀
조금도 알지 못했다

삶 속에 늘 바보 되면 편하고
무능하면 자유하고

둔하면 편한 거기 자유가 오면
편안한 믿음의 사람

언제나 비고 빈 마음 안에 오는
속 편한 믿음의 사람

"이 복음은 모든 믿는 자에게 구원을 주시는 하나님의 능력이 됨이라"(롬 1:16)

늦기 전에

세상 시련에 젖어 살다 보니
영혼이 까맣게 그을렸습니다

근심 걱정이 마음을 누르니
눈에 보이는 것이 없었습니다

죄에 가려 마음이 굳은 사람
자신이 늘 싫어져서 애쓰다가

세상의 검은 스모그에 젖어
말라가는 몸과 마음을 보니

마음이 아파서 많이 울다가
나는 열심히 믿음을 붙듭니다

자신이 싫어서 늘 방황하다가
진정으로 주님을 찾아갑니다

"주의 약속은 어떤 이들이 더디다고 생각하는 것 같이 더딘 것이 아니라
오직 주께서는 너희를 대하여 오래 참으사 아무도 멸망하지 아니하고
다 회개하기에 이르기를 원하시느니라"(벧후 3:9)

경건

믿기 전에 오는 시련은
주님이 부르시는 음성

믿음 후에 오는 시련은
성숙을 위한 영혼 부름

믿음은 시련과 연단으로
경건 훈련은 성숙이어도

모든 어려움을 물리치고
넘어가는 힘은 오직 믿음

시련은 기도로 연단으로
이기는 힘은 경건함으로

그 받을 상급은 평강으로
우리 받을 복은 영생으로

"하나님은 아프게 하시다가 싸매시며 상하게 하시다가
그의 손으로 고치시나니 그 재앙이 네게 미치지 않게 하시며"(욥 5:18-19)

한계

우리 육신 한계 속에 가두지 말자
우리에게는 타고난 재능이 있으니

우리 생각을 벽 속에 가두지 말자
우리가 사는 세상은 넓고 넓으니

우리 혼을 골방 속에 가두지 말자
우리 마음의 그릇은 크고 관대하니

우리 육신을 일상 속에 가두지 말자
우리 육신 이기는 힘은 믿음뿐이니

우리 시간을 틀 속에 가두지 말자
우리 자신을 잘 아는 생명이 있으니

우리 인생을 세상 지식에 가두지 말자
우리 영혼 이기는 힘 믿음이 있으니

우리 믿음을 마음 안에 가두지 말자
우리 살리는 이는 오직 주님뿐이니

"그러나 내가 가는 길을 그가 아시나니
그가 나를 단련하신 후에는 내가 순금 같이 되어 나오리라"(욥 23:10)

자기만

내가 자기를 찾아가는 길에서
내가 자기를 모르는 이 어두움

영혼의 어둡고 캄캄한 길에서
사방에서 찔리고 다치는 사람

자기만 자기만 항상 생각하다가
자기 속에 갇혀 사는 자기 사람

거기에 말씀의 큰 빛이 비치면
자기만 알던 이는 어떻게 될까

거기에 하늘의 서광이 비치면
자기의 사람은 어떻게 바뀔까

"파수꾼이 이르되 아침이 오나니 밤도 오리라
네가 물으려거든 물으라 너희는 돌아올지니라 하더라"(사 21:12)

임재

어느 날 문득 주님이 들어오신다
마음 문을 열고 홀연히 들어오신다

궁핍하고 허탄한 마음 안으로
광풍 같은 사랑으로 곧 들어오신다

비천하고 약한 마음속으로
천지가 개벽하듯 돌연히 들어오신다

마음속 갈등하는 천한 영혼
나의 빈속으로 위엄차게 들어오신다

나 아시는 영광의 주님이
빈 마음 안으로 신속히 들어오신다

"말씀이 육신이 되어 우리 가운데 거하시매 우리가 그의 영광을 보니 아버지의 독생자의 영광이요 은혜와 진리가 충만하더라"(요 1:14)

부인

나 자신이 잘 안다고 말하지 말자
아무리 잘 알아도 잘 안 되니

나 자신이 늘 바르다고 말하지 말자
아무리 바르다고 해도 잘 안 되니

나 자신이 잘한다고 말하지 말자
아무리 잘해도 잘 안 되니

나 자신이 다 가졌다고 말하지 말자
아무리 다 가져도 잘 안 되니

나 자신이 잘 믿는다고 말하지 말자
아무리 잘 믿어도 잘 안 되니

"우리가 여호와를 알자 힘써 여호와를 알자 그의 나타나심은 새벽 빛 같이 어김없나니 비와 같이, 땅을 적시는 늦은 비와 같이 우리에게 임하시리라"(호 6:3)

모름

사람은 많이 돌아다니지만
가장 중요한 믿음을 알지 못한다
늘 놓치는 것이 무엇인지 알지 못한다

사람은 바쁘게 살아가면서
가장 중요한 진리와 사랑으로 가는
주님 생명으로 사는 것을 알지 못한다

사람은 늘 안다고 말하지만
마음속 영혼의 갈망을 알지 못한다
영혼의 참된 하늘 평안을 알지 못한다

사람은 듣고 아는 것은 많아도
말씀이 주는 생명의 효력을 알지 못한다
영성으로 가는 비움의 길을 알지 못한다

"이스라엘아 이제 내가 너희에게 가르치는 규례와 법도를 듣고 준행하라
그리하면 너희가 살 것이요 너희 조상의 하나님 여호와께서
너희에게 주시는 땅에 들어가서 그것을 얻게 되리라"(신 4:1)

유기

우리는 그 무엇을
유기하며 살아간다

나 자신과 육신의 힘
시간을 늘 유기하며

아무렇게나 나대면서
속절없이 살아간다

매 순간을 허무하게
유기하며 가는 그곳

마음 바르게 하면서
유기하면 안 되는 것

말씀과 경건과 사랑
유기해서는 안 된다

믿음과 구원과 영생
유기해서는 안 된다

"내 심령에 이르기를 여호와는 나의 기업이시니
그러므로 내가 그를 바라리라 하도다"(애 3:24)

예수 그리스도

우리 주 예수 그리스도
주님만 부르면 어느새 들어오는 생기

마음으로 주님을 바라보면
마음에 들어오는 평강과 은혜의 기쁨

내려오는 하늘의 평화
자비와 충성으로 살아가는 오늘 하루

마음으로 주님만을 생각하면
마음의 기쁨은 우리 주 예수 그리스도

마음으로 부르는 그 이름
영생을 주시는 우리 주 예수 그리스도

"… 그에게 영광과 능력이 세세토록 있기를 원하노라 아멘"(계 1:6)

주님 주신 것

우리 자신을 너무 미워하면 안 됩니다
나도 모르는 착한 마음이 있으니

우리 자신을 함부로 다루면 안 됩니다
나도 모르는 담대한 믿음이 있으니

우리 자신을 너무 방치하면 안 됩니다
나도 모르는 귀중한 달란트 있으니

우리 자신을 너무 얕보면 안 됩니다
나도 모르는 주님 주신 사랑이 있으니

우리 자신을 너무 싫어하면 안 됩니다
나도 모르는 주님의 능력이 있으니

"육신에 있는 자들은 하나님을 기쁘시게 할 수 없느니라"(롬 8:8)

강건

지금 오늘이 힘들지만
앞으로 갈수록 힘들고
나중은 더 힘들어집니다

믿을 것은 하나 없지만
시름이 갈수록 깊어지면
마음은 더 힘들어집니다

그러나 주님이 계시니
믿음으로 나가기만 하면
우리 삶은 쉬워집니다

우리 힘들게 가다가도
신실한 믿음으로 나가면
마음이 즐거워집니다

마음은 헛되고 연약해도
우리 믿음이 깊어지면
영혼 몸이 강건해집니다

"너희는 믿음 안에 있는가 너희 자신을 시험하고
너희 자신을 확증하라 …"(고후 13:5)

참 진리

나의 빈 마음이 말씀으로 채워질 때
저의 육신은 말씀의 능력으로 살아납니다

주님 주신 진리와 생명의 말씀 속에
충만한 기쁨이 들어오면 말씀이 소망됩니다

오늘도 믿음으로 힘 다해 나가다가
주님 말씀으로 채워지면 마음에 기쁨됩니다

진리 속에 맛보고 누리는 그 말씀
말씀이 주시는 은혜에 감사하며 살아갑니다

주님 말씀만이 은혜가 되어주고
구원 생명 되시니 말씀만이 참 진리입니다

"복음에는 하나님의 의가 나타나서 믿음으로 믿음에 이르게 하나니…"(롬 1:17)

주님의 기도

나의 하나님 나의 하나님
어찌하여 나를 버리시나이까

목마르고 힘든 십자가 위에서
외로이 부르짖는 주님의 기도

영혼의 깊은 고독과 탄식 속에
우리를 위한 애타는 주님 기도

나의 하나님 사랑하는 아버지
어찌하여 나를 버리시나이까

주님의 목마른 기도 속에서
나도 주님께 간절히 기도한다

주님 내가 과연 그 무엇이기에
부족한 나를 사랑해 주시나이까

주님 내가 과연 누구이기에
이처럼 나를 구원해 주시나이까

"이 잔을 내게서 옮기시옵소서
그러나 나의 원대로 마시옵고 아버지의 원대로 하옵소서"(막 14:36)

아는 것

나의 육신의 추위와 주림이
주님 믿는 은혜 길인 것 알지 못했습니다

나의 육신의 목마름과 고통이
주님 믿는 구원 길인 것 알지 못했습니다

나의 육신의 허기와 슬픔이
주님 믿는 생명 길인 것 알지 못했습니다

그러나

나의 영혼이 누리는 즐거움이
주님이 주시는 길인 것 이제 알았습니다

나의 영혼의 기쁨과 희락이
주님이 주시는 맛인 것 이제 알았습니다

나의 영혼의 벅찬 영광의 길이
주님 주시는 복인 것 이제 알았습니다

"오직 그의 기름 부음이 모든 것을 너희에게 가르치며 또 참되고 거짓이 없으니
너희를 가르치신 그대로 주 안에 거하라"(요일 3:27)

영의 사람

우리 육신의 한계 많이 있지만
영의 사람은 이미 육신이 아닌 영의 사람

하나님 영으로 거듭난 이는
육신을 따르며 사는 그 의미는 무엇인지

하나님을 영으로 맛보며 가는
영적인 세계가 앞에 끝없이 펼쳐나는데

믿음으로 나가는 고단한 그 길
믿음 소망 사랑이 넘치는 복된 그 나라

영으로 사는 믿음의 사람은
믿음이 이기는 영으로 가는 영의 사람

말씀의 영으로 가는 사람은
하늘의 사람 주님이 기쁘신 영의 사람

"살리는 것은 영이니 육은 무익하니라
내가 너희에게 이른 말은 영이요 생명이라"(요 6:63)

단 한 번

단 한 번만이라도
하나님 말씀이 닿기만 하면
그 앞에 무너지는 영혼

단 한 번만이라도
우리 주님을 만나기만 하면
목석같이 변하는 사람

단 한 번만이라도
주님 말씀을 영으로 맛보면
강한 육신도 소용이 없어

단 한 번만이라도
말씀을 우리 생명으로 취하면
말씀 앞에서 죽어지고

단 한 번만이라도
주님 생명이 말씀으로 들리면
영혼은 여기가 아닌 천국 시민

"모든 성경은 하나님의 감동으로 된 것으로
교훈과 책망과 바르게 함과 의로 교육하기에 유익하니"(딤후 3:16)

나가자

우리
말씀이 주는 생명의 흐름을
영으로 마음으로 경험하면서

말씀의 맛을 날마다 순간마다
깊게 진솔하게 맛보며 나가자

우리
말씀이 역사하는 생명의 나라
말씀의 깊이가 깊은지 넓은지

영혼이 날마다 맛보고 즐기며
믿음으로 함께 누리며 나가자

우리
말씀 깊이 사모하며 그리다가
말씀의 전천후한 생명 앞에서

낮아지고 죽어지며 내려가는
시련의 담즙을 이기며 나가자

"또 어려서부터 성경을 알았나니 성경은 능히 너로 하여금 그리스도 예수 안에 있는 믿음으로 말미암아 구원에 이르는 지혜가 있게 하느니라"(딤후 3:15)

270

알아져

그 참혹한 십자가 밑에서 나를 보면
얼마나 게으른지 느린지 다 알아져

그 참혹한 십자가 밑에서 다시 보면
얼마나 자고한 지 추한지 다 알아져

그 참혹한 십자가 밑에서 돌아보면
얼마나 더러운지 흉한지 다 알아져

그 참혹한 십자가 밑에서 살펴보면
얼마나 미련한지 속된지 다 알아져

그 참혹한 십자가 밑에서 나를 보면
얼마나 어리석고 악한지 다 알아져

"그리스도께서 약하심으로 십자가에 못 박히셨으나
하나님의 능력으로 살아 계시니 우리도 그 안에서 약하나
너희에게 대하여 하나님의 능력으로 그와 함께 살리라"(고후 13:4)

소망 동산

높고 푸른 하늘은 주님 사랑이 스미는 곳
진리 빛이 머리 위로 눈부시게 쏟아지면

마음은 사랑 동산 말씀이 사는 은혜 동산
영혼은 복된 나라 믿음이 사는 생명 동산

청명하고 맑은 하늘은 주님 생명이 사는 곳
환한 빛이 소리 없이 어두운 마음에 비치면

마음은 밝고 맑은 나라 희망찬 소망 동산
마음은 주님 사시는 영혼의 아름다운 동산

"너희로 하여금 모든 신령한 지혜와 총명에
하나님의 뜻을 아는 것으로 채우게 하시고… 모든 선한 일에
열매를 맺게 하시며 하나님을 아는 것에 자라게 하시고"(골 1:9-10)

272

실현

삶 안에서 우리 영혼이 맛보는
고된 맛을 모르면 믿음도 몰라

믿음 안에서 쓰고 단맛 속에
그 사랑을 모르면 믿음도 몰라

한 번 울리는 신비한 그 음성에
육신의 강한 마음 담 무너지고

한 번 울리는 크신 주님 음성에
영혼 몸이 박살나는 그 장소에

고난 속에 피어나는 시련의 꽃
사랑스런 눈꽃 피워보았으면

주님이 주시는 길 따라가면서
영으로 맛보는 생명의 그 맛을

마음껏 누리고 경험해보았으면
주님의 크신 사랑 누려보았으면

"그가 우리에게 약속하신 것은 이것이니 곧 영원한 생명이니라"(요일 2:25)

지나간 시간

늘 어려워도 무작정 달려왔다
그 달린 시간이 얼마나 되는지

말씀 보고 기도하며 주님 향해
달려온 그 세월이 얼마인지

그러나 육신으로 가고 육신으로
살며 육신으로 마치는 그 속에

무작정 달려온 지나간 시간이
너무나 애달파도 그 일 아니면

육중한 하늘의 문 어찌 열리고
찬란한 시온 대로 어떻게 뚫리나

때와 기한은 따로 있지만 우리
은혜를 따라감이 가장 큰 은총

마음으로 나가면서 주님을 뵙고
주님을 믿는 것이 가장 큰 기적

"심히 교만한 말을 다시 하지 말 것이며 오만한 말을 너희의 입에서
내지 말지어다 여호와는 지식의 하나님이시라 행동을 달아 보시느니라"(삼상 2:3)

감사하라

주여 온몸과 마음이 어둡고
죄로 굳은 중풍 병자 같은 저를
은혜로 회복되게 해주시니 참 감사합니다

주여 몸과 마음이 죄로 물들고
천방지축 좌우분별 못하는 죄인
은혜로 살게 해주시니 참 감사합니다

주여 앞도 못 보고 말하고 듣지 못하는
감각도 의미도 모르는 더러운 죄인
은혜로 일어나게 해주시니 참 감사합니다

주여 모든 생각과 지각이 닫혀버리고
지식과 지혜도 다 마비되어버린 저를
은혜로 소생하게 해주시니 참 감사합니다

주여 이 하루도 주님 없으면 안 되는
부족한 저를 아시고 늘 보호해 주시며
은혜로 살아가게 해주시니 참 감사합니다

"여호와께 감사하라 그는 선하시며 그 인자하심이 영원함이로다"(시 136:1)

바라는 마음

영성의 길은 갈수록 협착한 길
소리 없이 은밀히 나아갈 때면

어둠이 번성하는 외로운 길에
몸과 마음은 비바람에 시리고

영혼은 갈 곳 몰라 늘 헤매도
늘 가고 또 가다 보면 어느 날

우리 만나 주시는 주님 알기에
인내하며 가는 고통의 길에서

부딪치고 지치는 우리 마음에
은총이 살포시 어리면 좋겠다

마음 다해 나가는 우리 영혼에
주님 사랑이 솟아오르면 좋겠다

"주 안에서 택하심을 입은 루포와 그의 어머니에게 문안하라
그의 어머니는 곧 내 어머니니라"(롬 16:13)

주님만 섬김

우리 늘 여기저기 돌아다니면서
내 것만 챙기다가 가버린 세월

믿음으로 가는 길에 다 비우면
몸과 마음은 비바람에 스산해도

거기서 자기만 챙기지 않을 자신
우리 탐욕을 멀리하고 나갈 자신

우리 가진 것을 모두 나눌 자신
육신의 욕망과 갈등을 이길 자신

몸과 마음 드리면서 죽기 살기로
목숨을 귀하게 여기지 않을 자신

복음만 따르며 꾸준히 나갈 자신
우리 주님만 사랑하고 나갈 자신

믿음을 지킬 마음의 결단과 각오
주님만 섬길 자신이 되고 있는지

"… 광야에서 외치는 자의 소리가 있어 이르되
너희는 주의 길을 준비하라 그의 오실 길을 곧게 하라"(눅 3:4)

전파

선견자들은 오실 주님을 전하고
사역자는 오신 주님을 전하는데

나는 오신 주님을 어떻게 전하며
지금 오실 주님을 어떻게 전하나

선지자 할 일은 외치는 자의 소리
광야 길을 평탄하게 닦아가는 자

오신 메시아를 기쁘게 전파하면서
오실 메시아의 영광으로 사는 우리

우리는 그 길을 바르게 닦고 가나
어떻게 주님을 기쁘게 전해 드리나

"너희가 짐을 서로 지라 그리하여 그리스도의 법을 성취하라"(갈 6:2)

드림

주님은 급하신가 보다
나 같은 사람도 그냥
두지 않으시는 것을 보니

믿음으로 경험하는
지혜 지식과 사랑과 자비
그 모든 능력이 너무 벅차면

주님은 급하신가 보다
별로 쓸모없는 목석같은
나 같은 사람도 은혜 주시니

우리 믿음이 자라서
은혜 안에 들어만 가면
은혜와 사랑이 무궁무진하고

우리 감사하면서
주님 만나기만 하면
마음 기쁨은 크고 영원하고

"나는 너희의 하나님이 되려고 너희를 애굽 땅에서 인도하여 낸 여호와라
내가 거룩하니 너희도 거룩할지어다"(레 11:45)

열려

날마다 말씀을 들음으로
많이 들으면 들은 만큼

항상 읽으면 읽을수록
영과 마음이 크게 열려

우리 말씀을 먹으면서
많이 먹으면 먹는 만큼

먹을수록 마음이 새롭고
배부를수록 영혼이 열려

주님을 먹고 마심으로
많이 먹고 마시는 만큼

먹을수록 영이 자라나고
마실수록 마음이 열리고

"우리 주 예수 그리스도의 하나님, 영광의 아버지께서 지혜와 계시의 영을 너희에게 주사 하나님을 알게 하시고"(엡 1:17)

여정

애굽 땅을 떠나
믿음으로 들어간 곳은 황무한 땅
정착할 수 없는 척박한 광야

말씀 안에서
육신의 욕망을 넘어가지 못하면
갈 수 없는 믿음으로 가는 길

마음을 훈련 시키시는
믿음의 연단 장소 그 광야
힘들고 고되고 외로운 나그네 길

봇짐을 늘 싸고 풀다가
복된 그 땅 가나안으로 들어간 이
그 얼마나 되나

말씀을 믿는 구원의 길
이 어렵고 힘든 믿음의 길에서
주님께 나가는 사람 그 누가 있나

"강하고 극히 담대하여 나의 종 모세가 네게 명령한 그 율법을 다 지켜 행하고 우로나 좌로나 치우치지 말라 그리하면 어디로 가든지 형통하리니"(수 1:7)

기회

우리 사는 것 주님 찾아가는 기회
숨 쉬는 것도 주님으로 사는 기회

먹고 사는 동안도 말씀으로 살고
먹는 말씀도 은혜의 생수로 마시면

죽는 것도 믿음으로 잘 죽는 기회
사는 것도 믿음으로 잘 사는 기회

죽어도 살아도 주님으로 죽고 살고
그 모든 날도 믿음으로 살고 죽고

오늘도 믿음으로 이기면 살아나고
내일도 믿음으로 죽어지면 이기고

우리 죽어서도 주님으로 죽는 기회
우리 살아서도 주님으로 사는 기회

"내게 능력 주시는 자 안에서 내가 모든 것을 할 수 있느니라"(빌 4:13)

알지 못하는 것

내 마음의 허전함이 믿으라는
신호인 줄 알지 못했습니다

내 마음의 상함이 주님 부르시는
음성인 줄 알지 못했습니다

내 마음의 갈함이 주님을 채우라는
응답인 줄 알지 못했습니다

내 마음의 빈속이 주님 들어오시는
공간인 줄 알지 못했습니다

내 마음의 허기가 말씀을 먹으라는
충고인 줄 알지 못했습니다

내 마음 모르는 것이 많이 있으니
낮추는 이 믿음을 알지 못했습니다

"우리로 하여금 빛 가운데서 성도의 기업의 부분을 얻기에
합당하게 하신 아버지께 감사하게 하시기를 원하노라"(골 1:12)

예배

내 힘으로 하려던 그 일
이제는 다 내려놓습니다

마음이면 되는 줄 아니
이제는 다 포기합니다

나의 그 날이 그 언제인지
나의 때도 모두 맡깁니다

주님 오실 날 기다리면서
나의 능력 다 포기합니다

내 힘으로 되는 일 없으니
그 모든 것 다 잊습니다

주님의 때와 기한 있기에
그냥 맡기면서 나갑니다

"내가 하나님의 모든 자비하심으로 너희를 권하노니 너희 몸을 하나님이 기뻐하시는 거룩한 산 제물로 드리라 이는 너희가 드릴 영적 예배니라"(롬 12:1)

전화

오늘도
외로운 사람을 위로하는
사랑의 음성이 마음을 울린다

오늘도
가끔 걸려오는 전화 소리가
세상에 얼굴 내밀 용기를 준다

오늘도
소망을 주는 그 소리
다정한 음성에 마음이 풀린다

오늘도
영혼에 울리는 소리가
애달픈 마음의 시름을 달랜다

오늘도
깊은 시름을 달래주는
아련한 소리가 영혼을 살린다

"내 계명은 곧 내가 너희를 사랑한 것 같이
너희도 서로 사랑하라 하는 이것이니라"(요 15:12)

곧은 길

난 가고 싶은 곳이 없다 혼자서
갈 수 있는 곳이 없다

다만 터벅터벅 걸어서 넘어가면
길이 난다는 것만 안다

세상 길 많아도 가고 싶은 그 길
믿음으로 나가는 길

마음으로 찾아가는 신비한 오솔길
마음을 드리며 나간다

온 영혼과 믿음을 드리며 따라가면
길이 난다는 것만 안다

난 갈 곳이 하나도 없지만
주님만 믿으면 다 된다는 것 안다

"나더러 주여 주여 하는 자마다 다 천국에 들어갈 것이 아니요
다만 하늘에 계신 내 아버지의 뜻대로 행하는 자라야 들어가리라"(마 7:21)

영광

늘 웃음이 난다 감사하는 마음에
사랑이 스친다

늘 믿음으로 웃으면 마음은 저기
은총이 스친다

늘 눈물이 난다 울고 웃는 마음에
평안이 스친다

늘 마음이 즐거우면 사랑이 오고
기쁨이 스친다

늘 희락이 솟는다 순결한 마음에
소망이 스친다

늘 믿음 안에 살면 영혼 편안하고
평화가 스친다

"예수 그리스도로 말미암아 의의 열매가 가득하여
하나님의 영광과 찬송이 되기를 원하노라"(빌 1:11)

지금

나는 지금
주님 곁에 편히 있고
편한 마음에 사랑이 깃들면
그것만이 다인 것 다 압니다

나는 지금
주님 곁에서 행복해져
하늘 평화로 영혼이 부풀면
그것만이 감사한 것 다 압니다

나는 지금
주님 안에서 주신 능력으로
나의 영혼이 감격 감사하는
그것만이 소망인 것 다 압니다

나는 지금
주님 은혜로 심령이 풍성해져
나의 영혼이 기쁘고 행복하면
그것만이 만족인 것 다 압니다

"그러므로 너희가 그리스도 예수를 주로 받았으니 그 안에서 행하되
그 안에 뿌리를 박으며 세움을 받아 교훈을 받은 대로 믿음에 굳게 서서
감사함을 넘치게 하라"(골 2:6-7)

새 힘

오늘도
영혼을 끌어당기는 말씀의 땅에
진실한 믿음이 꽃이 되어 피어난다

오늘도
은은한 말씀이 꽃으로 피어나면
음성은 복된 영혼의 꽃으로 물든다

오늘도
말씀이 순결한 꽃으로 피어나면
영혼의 진리 꽃이 풍성히 솟아난다

오늘도
말씀의 냄새가 천지를 진동하면
아름다운 생명의 꽃이 터져 나온다

오늘도
말씀의 은혜가 피어오르면
황홀한 믿음의 꽃 열매가 익어간다

"오직 여호와를 앙망하는 자는 새 힘을 얻으리니 독수리가 날개치며
올라감 같을 것이요 달음박질하여도 곤비하지 아니하겠고
걸어가도 피곤하지 아니하리로다"(사 40:31)

믿음 때문

나의 속절없는 언행 심사가
비록 저속하고 늘 비굴해 보여도
이기고 가는 것은 주신 믿음 때문

나의 속절없는 그 일이
비록 어리석고 미련하게 보여도
기쁘게 가는 것은 벅찬 믿음 때문

나의 속절없는 그 길에
환난과 근심과 궁핍과 좌절이 와도
즐겁게 가는 것은 강한 믿음 때문

내가 속절없는 그 믿음에
사단의 시험 시련을 이기는 것은
주님 주신 담대하고 깊은 믿음 때문

"근신하라 깨어라 너희 대적 마귀가 우는 사자 같이 두루 다니며
삼킬 자를 찾나니 너희는 믿음을 굳건하게 하여 그를 대적하라
이는 세상에 있는 너희 형제들도 동일한 고난을 당하는 줄을 앎이라"(벧전 5:8-9)

복음

언제든지
신비로운 말씀이 사람을 살리고
알 수 없는 느낌이 마음을 터치하면
자다가도 일어나 은혜를 받는다

언제든지
복음이 주는 삶의 기쁨이
파동이듯 밀려들어 생명이 태동하면
참된 복음이 쇠약한 영혼을 살린다

언제든지
복음이 주는 그 길에서
죽음같이 강한 주님 마음이 밀려들면
귀한 사랑이 연약한 영혼을 감싼다

언제든지
신기한 복음이 시름을 달래고
영혼이 부풀어 천상의 나래를 펴면
하늘을 나는 꿈속에서 살게 된다

**"그러므로 사랑하는 자들아… 주 앞에서 점도 없고 흠도 없이
평강 가운데서 나타나기를 힘쓰라"**(벧후 3:14)

성령님

믿음을 윤활히 해주는 윤전기는
나의 성령님 늘 편안하게 인도해줘

나의 믿음을 빛내주는 광택은
나의 성령님 영혼을 늘 빛나게 해줘

나의 믿음에 힘을 주는 발동기는
나의 성령님 늘 잘 가게 인도해줘

믿음을 풍성케 하는 동력의 힘은
나의 성령님 은혜로 가게 힘 실어줘

믿음을 움직이는 운전기사는
나의 성령님 길 찾아가게 잘 인도해줘

"귀 있는 자는 성령이 교회들에게 하시는 말씀을 들을지어다 이기는 그에게는 내가 하나님의 낙원에 있는 생명나무의 열매를 주어 먹게 하리라"(계 2:7)

편한 마음

나는 시간도 날짜도 모르고
인생도 그 삶도 모릅니다

배고프면 먹고 졸리면 자고
거기 믿음만 있으면 됩니다

말씀을 듣고 살아가는 믿음
그곳 주님만 계시면 됩니다

말해서 되나 일 한다고 되나
나는 세상도 모두 모릅니다

자족하면 할수록 편한 마음
그곳 주님만 오시면 됩니다

"주의 궁정에서의 한 날이 다른 곳에서의 천 날보다 나은즉 악인의 장막에 사는 것보다 내 하나님의 성전 문지기로 있는 것이 좋사오니"(시 84:10)

그 이름

주님
그 이름이 그립습니다

하루에도 수없이 부르는
그 이름

생명을 주시는 그 이름
나의 주 예수 그리스도

주님
그 이름이 정답습니다

수없이 부르지 않으면
안 되는 사람이

오늘도 부르는 그 이름
나의 주 예수 그리스도

마음으로 진정 사랑하는
나의 주 예수 그리스도

"영접하는 자 곧 그 이름을 믿는 자들에게는
하나님의 자녀가 되는 권세를 주셨으니"(요 1:12)

주 앞으로

주님이 나를 깨워주신다
들어오는 은혜 나는 받아들여야 한다
그리고 온 마음 드리며 감사로 나간다

주님이 나를 부르신다
밀려오는 말씀 속에 나는 따라가야 한다
그리고 온 정성 드리며 기쁘게 나간다

주님이 나를 아끼신다
마음에 오는 인도 따라 나는 드려야 한다
그리고 온 진심 드리며 즐겁게 나간다

주님이 나를 찾으신다
들려오는 사랑 따라서 나는 찾아가야 한다
그리고 온 마음 드리며 힘차게 나간다

"그러므로 너희가 회개하고 돌이켜 너희 죄 없이 함을 받으라
이같이 하면 새롭게 되는 날이 주 앞으로부터 이를 것이요"(행 3:19)

창가

불이 꺼진 나의 창가에서
슬픈 눈으로 창밖을 보면
마음을 흔드는 세상의 빛

불이 없는 나의 창가에서
삶의 길은 보이지 않아도
믿음이 주는 그 은혜 속

어둔 마음이 주님 그리면
신속히 열리는 마음 창문
창문 넘어 날아가는 내 영혼

불이 그리운 나의 창가에서
애타하면서 주님을 바라면
찬란히 열리는 마음 창문

"네가 거기서 네 하나님 여호와를 찾게 되리니
만일 마음을 다하고 뜻을 다하여 그를 찾으면 만나리라"(신 4:29)

성령

우리 잘 믿어도
성령의 도움이 없으면
엔진 동력을 상실한 것 같아서
마음대로 다니다가 자주 다칩니다

우리 잘 순종해도
성령이 마음에 안 계시면
무지한 육신의 힘만 드러나니
마음대로 가다가 자주 실패합니다

우리 잘 알아도
마음이 안 되어 아파하며
영혼은 늘 곤궁하고 힘들 때
성령이 없으면 자주 낙심합니다

우리 잘 힘쓰며
매사에 성령으로 일하고
성령을 따르면서 잘 순종해도
충만한 은혜 없으면 늘 실족합니다

"누가 지혜가 있어 이런 일을 깨달으며 누가 총명이 있어 이런 일을 알겠느냐
여호와의 도는 정직하니 의인은 그 길로 다니거니와 그러나 죄인은
그 길에 걸려 넘어지리라"(호 14:9)

믿음만

믿음만 있으면
힘들어도 좋아 고생해도 좋아
슬퍼도 좋아 아파도 좋아

믿음만 생각하면
괴로워도 좋아 고단해도 좋아
웃어도 좋아 울어도 좋아

믿음만 들어오면
잘 되어도 좋아 어려워도 좋아
망해도 좋아 흥해도 좋아

믿음만 올라가면
미워해도 좋아 싫어해도 좋아
살아도 좋아 죽어도 좋아

"단단한 음식은 장성한 자의 것이니 그들은 지각을 사용함으로
연단을 받아 선악을 분별하는 자들이니라"(히 5:14)

넘치는 감사

낮추고 내려가는 마음에
들어오는 주님의 큰 은혜

비천하고 마음을 낮추는
내면으로 내려가는 길에

신비하신 주님 사랑이
거친 마음을 가득 채우면

믿음은 내면에서 만들어
씨앗을 심고 거두는 것

믿음은 여기서 그 나라를
영원히 맛보고 누리는 것

성령으로 심는 거기에서
열매를 거두면 다 되는 것

"그 안에 뿌리를 박으며 세움을 받아 교훈을 받은 대로
믿음에 굳게 서서 감사함을 넘치게 하라"(골 2:6-7)

돌봄

주여
제가 이렇게 미약하오니
저를 긍휼히 여겨 주십시오

세상이 좋아서 세상만 쳐다보고
세상에 사는 세상에 속한 사람

육신이 귀해서 육신만 섬기는
육신을 좋아하는 육신의 사람

주여
제가 이토록 미약하오니
저를 불쌍히 여겨 주십시오

이제 주님께 마음이 돌아가면서
또다시 회개하며 뉘우치는 마음

제가 이렇게 미약하고 부족하니
저를 한 번만 돌보아 주십시오

**"그가 그의 말씀을 보내어 그들을 고치시고
위험한 지경에서 건지시는도다"**(시 107:20)

알곡

고개 숙이지 못하고 웃자라면
마음을 비워야 합니다

벼 이삭 같이 낮추는 비밀한 길
나대면 안 됩니다

비우는 겸손한 믿음의 사람은
자기를 드러내지 않습니다

드러내다가 스스로 다친다면
죽정이만 못합니다

비우며 섬김으로 가면 부지 중에
생명의 알곡이 맺힙니다

"지혜 있는 자들은 이러한 일들을 지켜 보고
여호와의 인자하심을 깨달으리로다"(시 107:43)

제4부

"호흡이 있는 자마다
여호와를 찬양할지어다 할렐루야"
-시편 150편 6절

때와 시기

우리 믿음의 때와 시기를
기다린다는 것은 긴 인내

어디서나 언제나 오실지
기다리는 것은 오랜 고통

주님을 기다리는 마음에
서리는 시름과 슬픈 마음

소리도 없어 소식도 없어
마음에 오는 근심과 걱정

육성이 안으로 밀려드는데
주님은 언제 임재하시어

나의 마음을 믿어주시나
나의 영혼을 감싸주시나

"위의 것을 생각하고 땅의 것을 생각하지 말라"(골 3:2)

혼자서

아무도 없는 이곳에서
늘 혼자 사는 것이 좋아

아무도 함께하지 않는
주위는 고요함 그 자체

혼자서 주님을 바라보고
홀로 주님을 생각하면서

한없이 작아진 마음으로
주님 바라고 기다리다가

그림자도 인기척도 없는 곳에
임하는 주님의 은혜와 은총

사랑의 빛이 서리는 영혼
그러면 이미 평화의 나라

주린 마음으로 나가다가
들어오는 고마운 그 사랑

"그러므로 우리가 여호와를 알자 힘써 여호와를 알자 그의 나타나심은
새벽 빛 같이 어김없나니 비와 같이, 땅을 적시는 늦은 비와 같이
우리에게 임하시리라 하니라"(호 6:3)

구함

우리 살아가는 동안
때마다 일마다 자신을 너무
포장하지 않도록 도와주소서

우리 살아가다가
자신이 너무 소중해서
자신만 알지 않게 도와주소서

우리 잘 믿다가
자신을 드러내며 자신을
과대평가하지 않게 도와주소서

우리는 자신을
자랑하면 안 되는 사람
과욕에 물들지 않게 도와주소서

우리 자신을 돌아보며
높아진 마음 넘을 믿음 가지고
감정에 휩쓸리지 않게 도와주소서

"사람의 영혼은 여호와의 등불이라 사람의 깊은 속을 살피느니라"(잠 20:27)

최고의 은혜

은혜 중에 최고의 은혜
말씀 안으로 들어가는 것

생명을 말씀으로 맛보고
사랑의 주님을 경험하면

말씀의 위력이 무엇인지
말씀의 생명이 무엇인지

은혜 중의 은혜 그 말씀
영으로 생명을 경험하면

은혜의 하모니 그 찬란한
생명이 말씀으로 들어오면

세상과 육신은 하찮은 존재
하늘 은혜 맛은 생명의 맛

생명이 심령에 들어올 때면
맑고 밝아지는 우리의 영혼

"너희는 산에 올라가서 나무를 가져다가 성전을 건축하라 그리하면 내가 그것으로 말미암아 기뻐하고 또 영광을 얻으리라 여호와가 말하였느니라"(학 1:8)

나의 기도

나의 길이 되시는 주님
나의 생명이 되시는 나의 주님
저를 보시고 늘 불쌍히 여겨 주십시오

나의 체질을 아시는 주님
날마다 순간마다 나가는 저를
늘 바르게 살아가게 인도해 주십시오

나의 생명이 되시는 주님
우리 약함을 그대로 지니고 사는
저를 진리로 바르게 이끌어 주십시오

나의 사랑이 되시는 주님
저의 허물을 그대로 가지고 가오니
주의 크신 사랑으로 저를 품어 주십시오

"누구든지 여호와의 이름을 부르는 자는 구원을 얻으리니 …"(욜 2:32)

부족함

늘 무엇에 늘 조절 당해도
하나도 모르는 속된 사람
그 사람이 바로 나여서 괴롭습니다

늘 어떤 것에 좌우되어도
조금도 모르는 나쁜 사람
그 사람이 바로 나여서 슬픕니다

늘 어떤 어둠에 이끌려도
조금도 모르는 그른 사람
그 사람이 바로 나여서 서럽습니다

늘 자신을 잘 믿지 못하는
자기도 모르는 거짓 사람
그 사람이 바로 나여서 아쉽습니다

"내 영혼아 네가 어찌하여 낙심하며 어찌하여 내 속에서 불안해 하는가
너는 하나님께 소망을 두라"(시 42:5)

진짜 믿음

아무것도 모르고
교회를 부지런히 따라다니며
믿는 것이 믿음인 줄 알았습니다

마음대로 행동하면서
속절없이 드리는 예배가
참되고 바른 믿음인 줄 알았습니다

그러나 주시는 은혜 안에서
상하고 부서지는 마음을 보니
비로소 믿음이 무엇인 줄 알았습니다

주님 주시는 사랑 안에서
영혼이 깨어나는 아픔을 경험하니
이제야 믿음이 무엇인지 알았습니다

"푯대를 향하여 그리스도 예수 안에서 하나님이 위에서 부르신
부름의 상을 위하여 달려가노라"(빌 3:14)

축복

울긋불긋
은혜의 꽃향기가 풍겨나면

마음 안에
영혼의 꽃망울이 피어난다

아롱다롱
은혜의 금 물결이 흐르면

마음 안에
생명의 샘물이 솟아난다

새록새록
은혜의 샘이 터져 나오면

마음 안에
영혼의 은혜 향기 넘쳐난다

"그가 사모하는 영혼에게 만족을 주시며
주린 영혼에게 좋은 것으로 채워주심이로다"(시 107:9)

종소리

정한 시간이면 깨우는 영혼의 신비한 종소리
오늘도 새벽을 깨우는 영혼 그 소리가 그리워

마음 안에서 들려오는 주님의 정겨운 음성이
육중한 감정을 깨우고 굳은 영혼을 깨우치면

생각도 감정도 열리고 사상도 관념도 열리고
마음도 영혼도 열리면 천상의 소리가 열려서

종소리가 마음을 끌어당기면서 믿음이 열리면
진리 충만 은혜 말씀 하늘의 그 신비가 새로워

"주의 빛과 주의 진리를 보내시어 나를 인도하시고
주의 거룩한 산과 주께서 계시는 곳에 이르게 하소서"(시 43:3)

주신 것

우리가 마시는 것과 숨 쉬는 것도
우리 일하는 것과 늘 잠자는 것도
믿음을 위해 주님이 주신 것입니다

우리가 느끼면서 들어오는 감정도
우리 아파서 울며 근심하는 마음도
믿음을 위해 주님이 주신 것입니다

우리가 살아가면서 받는 그 멸시도
우리가 삶에서 고단하여 힘든 것도
믿음을 위해 주님이 주신 것입니다

우리가 삶 속에서 비우며 가는 것도
우리 삶에서 슬픈 마음을 아는 것도
믿음을 위해 주님이 주신 것입니다

"… 주 예수의 은혜가 너희에게 있을지어다"(롬 16:20)

심으면

늘 심으면 된다는 것 아니
믿음으로 늘 심고 심지만

거짓으로 심으면 거짓으로
욕망으로 심으면 욕망으로

육신으로 심으면 육신으로
죽고 썩을 것만 거두지만

진심으로 심으면 진심으로
성실로 심으면 성실함으로

섬김으로 심으면 섬김으로
사랑으로 심으면 사랑으로

심고 거둔다는 그 말씀이
영을 살리고 믿음을 살려

"그는 시냇가에 심은 나무가 철을 따라 열매를 맺으며
그 잎사귀가 마르지 아니함 같으니 그가 하는 모든 일이 다 형통하리로다"(시 1:3)

천상의 나라

그대는 아는가 저 생명 나라를
은혜로 열리는 영생의 그 나라

자나 깨나 늘 주님을 생각하면
들어오는 하늘의 찬란한 나라를

그대는 맛보는가 신비한 그곳
믿으면 열리는 영광의 나라를

믿음만 되면 와닿는 복된 나라
영혼이 맛보는 아름다운 나라를

그대는 믿고 있는가 생명 나라
주님이 주시면 열리는 그 나라

마음에 들어오는 아름다운 나라
영혼 끌어당기는 천상의 나라를

"너는 내게 부르짖으라 내가 네게 응답하겠고
네가 알지 못하는 크고 은밀한 일을 네게 보이리라"(렘 33:3)

은혜 바람

어디서 불어오는지 알 수 없는
성령의 뜨거운 바람이 훈훈하게 불면

마음에 밀려드는 주님의 사랑
말씀 생명 안으로 들어오는 은혜 바람

그 바람에 사라지는 나의 시름
근심과 걱정 슬픔 질고 다 날려버리면

영혼의 벅찬 그윽한 울림 속에서
모든 애증도 원한도 바람 같이 스러져

성령의 훈풍으로 흙먼지 날아가면
우리 영혼과 믿음 사랑 정결케 해

"볼지어다 내가 내 아버지께서 약속하신 것을 너희에게 보내리니
너희는 위로부터 능력으로 입혀질 때까지 이 성에 머물라 하시니라"(눅 24:49)

풀림

하늘에서 얼은 얼음이 부서져
눈가루가 되어 땅에 떨어지면

마음 안에 부서지는 하얀 가루
흰 가루가 여기저기 휘날리며

잿빛 근심을 한순간 몰아내면
뭉친 마음의 설움이 다 녹는다

하늘 물웅덩이가 잘게 부숴져
빗물 방울이 되어서 떨어지면

곤한 마음을 녹이는 빗물 가루
빗물 가루가 사방으로 흩어져

슬픈 마음을 홀연히 적셔주면
마음의 시름이 다 녹아버린다

"그러므로 내가 그리스도를 위하여 약한 것들과 능욕과 궁핍과 박해와 곤고를 기뻐하노니 이는 내가 약한 그 때에 강함이라"(고후 12:10)

내 영혼

나의 영혼은 한 마리 새가 되어서
힘껏 시공을 날아가면서 주님을 찾습니다

나의 영혼은 꽃향기가 되어서
넓은 들을 영으로 헤매며 주님을 구합니다

영혼은 언제나 깃털처럼 가볍게
구름처럼 하늘을 떠다니며 주님을 누립니다

영혼은 하늘 소망에 젖은 채
신비스런 사랑을 먹으면서 주님을 따릅니다

내 영혼은 이 땅의 나그네
주님을 간절히 사모하며 하늘 꿈을 그립니다

"그들이 와서 시온의 높은 곳에서 찬송하며 여호와의 복 곧 곡식과 새 포도주와 기름과 어린 양의 떼와 소의 떼를 얻고 크게 기뻐하리라"(렘 31:12)

성령의 바람

성령의 바람이 무시로 불어온다
거친 동산에 불어 향기를 날린다

나의 동산에 부는 우아한 향기는
생수를 길어 나르는 샘물 같으니

성 중에 살아가는 믿음의 사람들아
내가 너희에게 성령으로 부탁한다

사랑하는 자가 결코 원하기 전에는
조금도 흔들지 말며 깨우지 말라

성령의 훈풍이 불어오는 날이면
믿음의 꿈은 신비하게 살아나고

성령의 훈풍 얼굴 뺨에 스칠 때
주님 오시면 영혼 곧 깨어나리라

"너희는 귀를 기울이고 내게로 나아와 들으라
그리하면 너희의 영혼이 살리라"(사 55:3)

가득 차

보이는 것마다 건드리는 것마다
만지는 것마다 보화로 돌아오면

느끼는 것마다 생각하는 것마다
은혜로 돌아오면 나의 마음은 기뻐

기쁜 마음에 주님 사랑이 들어오면
슬픈 영혼은 벅차 그 믿음도 벅차

벅차오는 영혼에 사랑이 밀려들면
마음도 부풀고 그 삶도 매우 벅차

가득한 마음에 사랑이 풍성해지면
신앙도 믿음도 은혜도 늘 가득 차

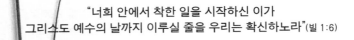

"너희 안에서 착한 일을 시작하신 이가
그리스도 예수의 날까지 이루실 줄을 우리는 확신하노라"(빌 1:6)

318

오소서

성령이여 오소서 제 마음에 오소서
마음이 메마르고 속이 비고 빈 곳에
갈한 마음 안으로 속히 들어오소서

제가 살고 있는 이곳은 황무한 곳
물이 없어 몸과 마음이 말라가는 육신
비천하고 약한 속 안으로 들어오소서

성령이여 제 마음에 속히 오소서
곤하고 빈궁한 마음 보시고 그 안으로
성령이여 어서 오소서 속히 오소서

성령이여 밤낮으로 애타게 기다리오니
저의 가난한 마음 외면하지 마시옵고
저의 허전한 마음 안으로 속히 오소서

성령이여 오소서 제 마음에 오소서
마음이 좁아서 주님 오실 공간 없지만
낮고 천한 이 마음 제게 속히 오소서

"너희는 여호와를 만날 만한 때에 찾으라 가까이 계실 때에 그를 부르라
악인은 그의 길을, 불의한 자는 그의 생각을 버리고 여호와께로 돌아오라
그리하면 그가 긍휼히 여기시리라"(사 55:6-7)

방향

나의 삶의 끝자락에서
나의 할 일은 무엇인가

나의 인생의 종착역에서
마지막 사명이 무엇인가

나의 가는 인생길에서
나갈 방향은 그 어디인가

근심이 오면 다스리고
병들어 아프면 참으면서

주님께 나가는 그 길에
나의 할 일은 무엇인가

믿음으로 늘 인내하면서
나의 생명이 다할 때까지

몸과 마음을 낮추면서
바라볼 곳은 그 어디인가

"내가 달려갈 길과 주 예수께 받은 사명 곧 하나님의 은혜의 복음을
증언하는 일을 마치려 함에는 나의 생명조차 조금도
귀한 것으로 여기지 아니하노라"(행 20:24)

견딤

믿음은 기나긴 마음의 고통
오래오래 견뎌내야 하니까

오늘과 내일을 늘 견디면서
늘 견뎌내야 하는 우리 인생

주님을 기다리는 하루 속에
그 견딤이 긴 슬픔이 되어도

주님을 기다리는 하루가 너무
기쁘고 좋아서 미소가 번지면

영혼은 밝은 숨결이 넘쳐난다
주님 사랑이 철철 흘러나온다

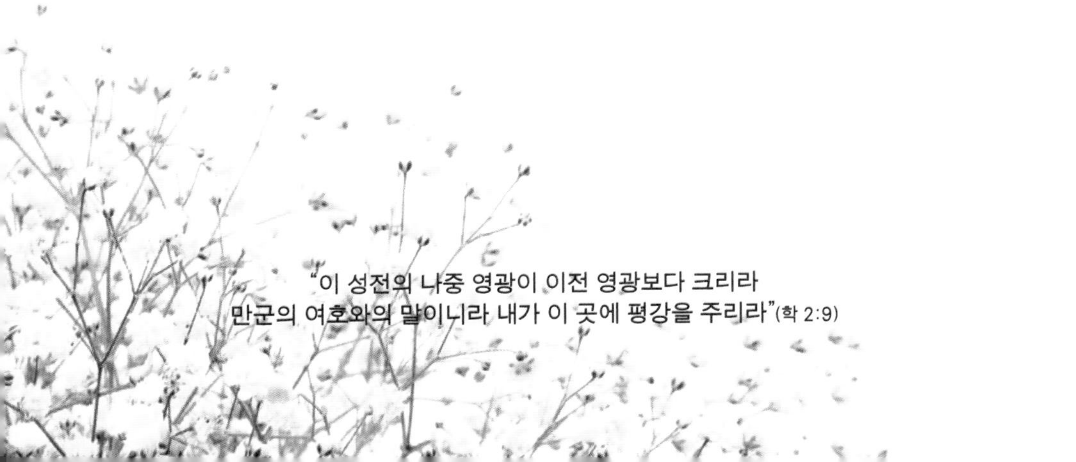

"이 성전의 나중 영광이 이전 영광보다 크리라
만군의 여호와의 말이니라 내가 이 곳에 평강을 주리라"(학 2:9)

열매

주님을 사모하고 나갈 때면
풍성하고 넓은 주님 품 안에서
늘 은혜의 향기가 모락모락 피어난다

영혼에 은혜가 짙게 물들면
내려오는 은혜의 말씀 안에서
늘 은혜의 미소가 알록달록 번져 나온다

마음이 은혜로 가득 차면
벅차는 영혼의 기쁨 안에서
늘 은혜의 즐거움이 울긋불긋 피어난다

은혜가 밀려올 때면
주시는 주님의 긍휼 안에서
늘 은혜의 소망이 소록소록 터져 나온다

영혼이 주님과 부딪칠 때면
풍성한 그 에너지의 흐름 안에서
늘 은혜와 사랑이 새록새록 솟아오른다

"오호라 너희 모든 목마른 자들아 물로 나아오라 돈 없는 자도 오라
너희는 와서 사 먹되 돈 없이, 값 없이 와서 포도주와 젖을 사라"(사 55:1)

322

동행의 기쁨

주님 십자가 고독 속에
묵묵히 인내하시는 것 본다면
우리도 인내하며 주님을 따라가야 한다

주님 십자가 모멸 속에
잠잠히 참으시는 것 본다면
우리도 참으면서 주님을 따라가야 한다

주님 십자가 천대 속에
온전히 순종하는 것 본다면
우리도 순종하면서 주님을 따라가야 한다

주님 십자가 슬픔 속에서
연민의 눈으로 나를 보실 때면
우리도 바라보면서 주님을 따라가야 한다

"십자가의 도가 멸망하는 자들에게는 미련한 것이요
구원을 받는 우리에게는 하나님의 능력이라"(고전 1:18)

주님뿐

마음이 슬픈 사람은
슬픔으로 나가고

마음이 괴로운 사람은
괴로움으로 나가도

마음이 담대한 사람은
담대함으로 나가고

마음이 행복한 사람은
행복으로 나가도

잘되게 해주시는 분은
우리 주님뿐

다 되게 해주시는 분은
오직 우리 주님뿐

"대저 의인은 일곱 번 넘어질지라도 다시 일어나려니와"(잠 24:16)

이 세상

우리가 살아가는 이 세상은
주님 사랑으로 살아가는 곳

세상 그 어디를 바라보아도
주님 사랑이 넘쳐 흘러넘쳐

사랑이 샘솟는 마음 처소에
간절한 기도 애처로운 마음

함께 해주시는 주님으로
몸과 마음이 사랑에 물들면

나 있는 곳은 이미 그 나라
천상의 사랑이 샘솟는 나라

우리는 주님과 같이 살아가는
아름다운 하늘나라 천국 백성

"너의 하나님 여호와가 너의 가운데에 계시니 그는 구원을 베푸실 전능자이시라
그가 너로 말미암아 기쁨을 이기지 못하시며 너를 잠잠히 사랑하시며 …"(습 3:17)

영원 새

풍성한 은혜로 얼굴이 달아오르면
영혼은 하늘을 나는 한 마리의 새

창공을 한없이 영으로 날아오르면
영혼은 시공을 날아오르는 소망 새

영혼이 주님으로 가득히 차오르면
영도 혼도 마음도 무한한 믿음 새

높은 산등성이 멀고 먼 서산 위에
무지개가 나래를 치면 곧 하늘 새

이미 나의 영혼은 조용한 고요 새
주님 생명을 찾아가는 복된 영원 새

"곧 평강의 씨앗을 얻을 것이라 포도나무가 열매를 맺으며 땅이 산물을 내며 하늘은 이슬을 내리리니 내가 이 남은 백성으로 이 모든 것을 누리게 하리라"(슥 8:12)

달리 보여

끝없이 밀려드는 은혜
믿음이 주는 감격 감사

영혼 가득히 채워지는
하늘의 아름다운 사랑

사랑에 마음을 모으다
영혼에 샘물이 터지면

벅차오르는 그 은혜에
감사해서 흘리는 눈물

주님 주시는 마음으로
거친 세상을 바라보면

나도 세상도 달리 보여
모든 만물도 다시 보여

"사람아 주께서 선한 것이 무엇임을 네게 보이셨나니 여호와께서
네게 구하시는 것은 오직 정의를 행하며 인자를 사랑하며 겸손하게
네 하나님과 함께 행하는 것이 아니냐"(미 6:8)

행복한 사람

주님은 내 마음 홀로 두지 않으시고
나의 힘이 되어주시어 감사합니다

주님은 슬픈 사람 놔두지 않으시고
사랑의 문 열어주셔서 감사합니다

자나 깨나 주님 생각하는 그 마음에
주님은 함께 해주셔서 감사합니다

나의 사는 곳 비록 누추하고 천해도
주님은 같이 살아주셔서 감사합니다

주님이 은혜의 선물 한 아름 가지고
찾아와주시어 늘 고맙고 감사합니다

주님은 마음에 사랑 가득 안고 불시에
천한 사람 위로해 주시어 감사합니다

"이스라엘이여 너는 행복한 사람이로다
여호와의 구원을 너 같이 얻은 백성이 누구냐 …"(신 33:29)

생명 강수

우리 갈급한 마음속에
사랑과 은총 한 아름 가득 안고서

풍성한 은혜의 말씀이
마음에 들어오면 열리는 그 나라

넘치는 주님의 사랑
찬송 기쁨 기도 믿음 소망 사랑이

마음에 가득 차오르면
넘치고 넘치면서 흐르는 생명 강수

생명 흐름에 영혼이 벅차면
피어오르는 은혜의 향기 우리 믿음

"북풍아 일어나라 남풍아 오라 나의 동산에 불어서 향기를 날리라 나의 사랑하는 자가 그 동산에 들어가서 그 아름다운 열매 먹기를 원하노라"(아 4:16)

그 길

세상 모든 사람들 어려움 보면서
속은 쓰리고 아파도 가야 하는 곳

마음은 가는데 마음 오는데 없고
사랑은 주는데 사랑 주는 이 없는

애달프고 힘든 믿음의 여정에서
마음으로 애타하며 부르짖는 기도

아픈 마음을 안고 가는 그 길에서
죄인이 할 수 있는 일 무엇입니까

주여 내 가는 곳 어디까지입니까
아프고 슬픈 마음 주님 주신 그 길

"하나님이여 우리를 돌이키시고
주의 얼굴빛을 비추사 우리가 구원을 얻게 하소서"(시 80:3)

감사

저의 돌 같이 무딘 마음이
주님의 은혜로 깨어났습니다

저의 엉겅퀴 같은 마음이
주님의 은혜로 소생하였습니다

저의 갈대 같은 마음이
주님의 은혜로 회복되었습니다

그리고

굼벵이 같은 사람에게
주님이 믿음을 주셔서 감사합니다

지렁이 같은 사람을
주님이 사랑해주셔서 감사합니다

거머리 같은 사람을
주님이 구원해주셔서 감사합니다

"네 하나님 여호와께서 네게 주시는 땅에 들어가거든
너는 그 민족들의 가증한 행위를 본받지 말 것이니"(신 18:9)

모든 소리

귀에서 들리는 시끄러운 소리
도시에서 들리는 파열음 소리

자연에서 들리는 촉촉한 소리
밖에서 들리는 거센 바람 소리

마음 안에 들리는 아련한 소리
영혼 안에 울리는 신비한 소리

모든 소리 주님 음성으로 들으면
생생한 주님 음성이 영혼을 살려

주님 말씀을 하늘 음성으로 들으면
마음 열려 영이 열려 믿음이 열려

"진실로 진실로 너희에게 이르노니 죽은 자들이 하나님의
아들의 음성을 들을 때가 오나니 곧 이 때라 듣는 자는 살아나리라"(요 5:25)

안다

나는 그동안
왜 외로웠는지 아팠는지
힘들었는지 이제는 안다

나는 그동안
왜 슬펐는지 근심했는지
서러웠는지 지금은 안다

나는 그동안
모든 비통함과 희로애락이
영혼 구원의 길이라는 것 안다

나는 그동안
인생의 그 시련이 없었으면
붙들 수 없는 이 믿음 보며

나는 그동안
그 많은 시련과 고난 고통이
믿음으로 가는 길인 것 안다

"그러므로 사람이 의롭다 하심을 얻는 것은
율법의 행위에 있지 않고 믿음으로 되는 줄 우리가 인정하노라"(롬 3:28)

벅찬 하루

주님 없는 인생은 고아 같은 인생
고아 같은 우리 버려두지 않으시고

날이면 날마다 보호하시고 지키기며
그 나라까지 우리 인도하시는 주님

어려운 삶 때문에 마음은 힘들어도
길이 막힐 때마다 길을 여시는 주님

마음 고통 고난 속에 주님 붙든 시간들
우리 마음은 슬퍼도 살피시고 도우시는

우리 주님 계시기에 믿음은 무궁무진
사랑 많은 주님으로 벅차는 이 하루

"나 지혜는 명철로 주소를 삼으며 지식과 근신을 찾아 얻나니"(잠 8:12)

따라감

엘 리 엘 리 라마 사 박 다니
잠잠히 도살장으로 끌려가는 가축들처럼
우리도 죽은 듯이 나가야 한다

엘 리 엘 리 라마 사 박 다 니
험한 십자가를 향해 나아가는 주님을 따라
우리도 잠잠히 나가야 한다

엘 리 엘 리 라마 사 박 다니
애타게 불러도 소식이 없는 하늘 그곳으로
우리도 인내하며 따라가야 한다

엘 리 엘 리 라마 사 박 다니
주님을 내버려 두신 하나님의 뜻을 알기에
우리도 참으면서 따라가야 한다

"내가 내 몸을 쳐 복종하게 함은 내가 남에게 전파한 후에 자신이 도리어
버림을 당할까 두려워함이로다"(고전 9:27)

믿음 날개

아름답고 깨끗한
맑고 밝은 마음 드리기만 하면

은혜가 들어와
주님 사랑과 진리 생명이 한가득

우리가 가는 그곳
영으로 가는 저 나라 그 천상이

마음 안으로 들어오면
이 땅은 이미 세상이 아닌 천국

영혼도 이 세상이 아닌
풍요로운 높고도 벅찬 하늘나라

그곳에서 하늘을 나는
영혼은 번성하는 그 믿음의 날개

"너희 하나님 여호와의 모든 계명을 구하여 지키기로 하라
그리하면 너희가 이 아름다운 땅을 누리고"(대상 28:8)

가르침

주님이 나 버려두시는 이유
나의 무지를 알게 하시려고

주님이 나 잊어버리는 이유
나의 각박함 알게 하시려고

주님이 나 멀리하시는 이유
나의 빈 영혼 알려주시려고

주님이 모른 체 하시는 이유
나의 육신 돌아오게 하시려고

주님이 나 외면하시는 이유
나의 속된 인생 알려주려고

"우리의 싸우는 무기는 육신에 속한 것이 아니요 오직 어떤 견고한 진도
무너뜨리는 하나님의 능력이라 모든 이론을 무너뜨리며
… 모든 생각을 사로잡아 그리스도에게 복종하게 하니"(고후 10:4-5)

만족

세상 삶 속에서
나 의지할 그 사람 하나 없어도
나는 주님 한 분만으로 만족합니다

세상의 허무함 속에서
나 생각해줄 그 사람 하나 없어도
나는 주님 한 분만으로 만족합니다

세상의 외로움 속에서
나 위로해 줄 그 사람 하나 없어도
나는 주님 한 분만으로 만족합니다

세상의 시련 속에서
나 돌보아 줄 그 사람 하나 없어도
나는 주님 한 분만으로 만족합니다

"주의 원수들은 다 이와 같이 망하게 하시고 주를 사랑하는 자들은 해가 힘 있게 돋음 같게 하시옵소서 하니라 그 땅이 사십 년 동안 평온하였더라"(삿 5:31)

338

나의 영혼

주님 사랑은 죽음보다 더 강하고
십자가 사랑은 죽음처럼 강하니

우리 주님 사랑으로 나음을 입고
주님 사랑받아서 다시 사는 사람

참된 사랑으로 우리 대해 주시니
나도 주님을 진정으로 사랑하면서

죽음보다 강한 그 사랑을 따라서
날마다 주님 은혜로 살아가는 하루

마음으로 주님 사랑 찾아 달려가는
삭막한 인생의 힘든 여정 속에서

주님 사랑만 만나면 피어나는 마음
주님 사랑으로 살아나는 나의 영혼

"너는 마음을 다하고 뜻을 다하고 힘을 다하여
네 하나님 여호와를 사랑하라"(신 6:5)

주님만 따르게

주님 저는 매우 미련하오니
저의 허물과 부족을 알려주시고
자신을 돌아보게 인도해 주소서

주님 저는 매우 어리석사오니
세상 물질문명에 휩쓸리어
살아가지 않게 인도해 주소서

주님 저는 매우 나약하오니
거짓과 위선이 난무하는 땅에서
주님만 따르게 인도해 주소서

주님 저는 매우 부족하오니
저로 세상 유전과 풍락에 물들어
살아가지 않도록 인도해 주소서

"여호와여 주의 도를 내게 가르치소서
내가 주의 진리에 행하오리니 일심으로 주의 이름을 경외하게 하소서"(시 84:11)

십자가의 길

믿음으로 살아가는 그 길에
주님 사랑을 맛보여 주시면
세상 것은 하찮은 것

마음 낮추고 비우지 않으면
육적 자아 높아진 이론으로
절대 갈 수 없는 길

가는 길에 온갖 시련 속에
우리 믿음이 고되고 힘들어도
반드시 가야 하는 길

우리 가는 길에 믿음 주시면
감사하면서 가는 우리 믿음
낮고 낮은 십자가의 길

"지혜 있는 자는 궁창의 빛과 같이 빛날 것이요 많은 사람을 옳은 데로 돌아오게 한 자는 별과 같이 영원토록 빛나리라"(단 12:3)

삶

주님 제가 매우 부족하오니
믿음으로 살아가게 도와주소서

육신 안에서 오는 탐욕 정욕
방치하면 나타나는 질고 질병

제가 이렇게 부족하오니
믿음으로 돌아가게 도와주소서

주님 저는 연약하오니
믿음으로 사는 법 가르쳐 주소서

방심하면 올라오는 근심 걱정
나를 높이면 드러나는 자긍 자만

제가 이처럼 연약하오니
믿음이 자라가게 인도해 주소서

"내가 오늘 명하는 모든 명령을 너희는 지켜 행하라 그리하면 너희가 살고"(신 8:1)

보여

믿음을 모르니 십자가도 몰라
주님을 모르니 그 사랑도 몰라

모르고 모르는 것이 많으니
나 자신도 몰라 세상도 몰라

그러나 한 번 발하는 말씀 속에
눌린 영혼이 깨어나 일어나고

한 번 울리는 찬란한 주님 사랑
감긴 시야가 활짝 다시 열리면

말씀도 십자가도 사랑도 알아
나도 알고 만물도 다시 알아져

십자가 사랑이 안으로 들어오니
주님 마음도 알고 믿음도 보여

"너희를 향한 나의 생각을 내가 아나니 평안이요 재앙이 아니니라
너희에게 미래와 희망을 주는 것이니라"(렘 29:11)

영성의 길

나의 외로움이
주님 주신 선물이라는 것 알지 못했습니다
나의 가난한 마음이
주님 주신 은혜라는 것 알지 못했습니다

나의 목마름이
주님 주신 은사라는 것 알지 못했습니다
나의 배고픔이
주님 주신 사랑이라는 것 알지 못했습니다

나의 낮아짐이
주님 주신 은총이라는 것 알지 못했습니다
나의 헐벗음이
주님 주신 정결한 옷인 것 알지 못했습니다

나의 누추함이
주님 계시는 처소라는 것 알지 못했습니다
그동안 모르는 것 많으니
거슬러 올라가는 이 믿음을 알지 못했습니다

"누구든지 자기 십자가를 지고 나를 따르지 않는 자도 능히 내 제자가 되지 못하리라"(눅 14:27)

열린 마음

영혼 영의 지각이 열리면
말씀이 열리고 은혜가 열려

열린 마음으로 주님을 보면
마음이 열리고 세상도 열려

지식도 열리고 지혜도 열려
믿음이 열리면 사랑도 열려

진리가 열리면 만물도 열려
열린 마음으로 하늘을 보면

은총이 열려 큰 말씀이 열려
믿음이 열리면 천상이 열려

"주 여호와여 나는 누구이오며 내 집은 무엇이기에
나를 여기까지 이르게 하셨나이까"(삼하 7:18)

오시는 주님

울려오는 절절한 찬양 소리가
빈 마음을 스치고 지나갈 때면

이 땅에 오신 아기 우리 예수님
육신을 입고 오신 우리의 주님

스스로 몸과 마음을 낮추시고
세상에 오신 우리 생명의 주님

사랑과 긍휼 가득한 맘으로
마음에 오시는 사랑하는 주님

구원의 빛 주님은 나의 생명
사랑으로 오시는 은혜의 주님

"의인을 위하여 빛을 뿌리고
마음이 정직한 자를 위하여 기쁨을 뿌리시는도다"(시 97:11)

순종

안에서 꿈틀거리는 생명
은밀하게 스미는 영혼의 파동이

점점 아련히 올라오면
나는 무엇이든지 일해야 한다

내면의 생명 소리가
생각 타고 사랑 타고 밀려들면

드러나는 사명감과 기쁨
심고 거둔다는 의미 바로 안다

절절하고 강한 생명이
안에서 핏줄을 타고 넘쳐흐르면

믿음에 몸을 싣고 노 저으며
말씀 안에서 얼른 순종해야 한다

“순종이 제사보다 낫고 듣는 것이 숫양의 기름보다 나으니”(삼상 15:22)

값진 기회

주님
나의 낙심과 좌절과 절망이
주님을 뵙는 기회가 됩니다

나의 슬픔과 고독과 질병이
주님을 만나는 기회가 됩니다

나의 공허와 회한과 눈물이
주님을 찾는 기회가 됩니다

그리고 주님
주님의 기쁨과 평안과 평강이
말씀 안에 사는 기회가 됩니다

주님의 말씀의 구원과 생명이
진리 안에 사는 기회가 됩니다

주님의 믿음과 소망과 사랑이
믿음 안에 사는 기회가 됩니다

"그리스도 예수 안에 있는 속량으로 말미암아
하나님의 은혜로 값 없이 의롭다 하심을 얻은 자 되었느니라"(롬 3:24)

곳간

이삭 줍듯이 말씀을 주워 담으면
빈 곳간은 어느덧 가득

주신 말씀 가득 찬 곳간을 바라보면
마음을 채우는 평화 평안

생명의 말씀을 영혼에 가득 채우면
마음의 뜰 안은 풍성한 곳간

생명의 떡 풍성한 곳간을 사모하면
마음에 넘쳐나는 큰 기쁨

말씀 곳간 가득 기쁨으로 나누면
마음속 곳간은 평강과 사랑이 가득

"무엇이든지 구하는 바를 그에게서 받나니
이는 우리가 그의 계명을 지키고 그 앞에서 기뻐하시는 것을 행함이라"(요일 3:22)

복이 된다

세상을 따라가려면
가진 것이 있어야 하지만
믿음 안에서는 없는 것도 복이 됩니다

세상을 누리려면
갖춘 것이 있어야 하지만
믿음 안에서는 없는 것도 복이 됩니다

세상과 어울리려면
지닌 것이 있어야 하지만
믿음 안에서는 없는 것도 복이 됩니다

세상을 의지하려면
줄 것이 있어야 하지만
믿음 안에서는 없는 것도 복이 됩니다

"하나님의 도는 완전하고 여호와의 말씀은 진실하니
그는 자기에게 피하는 모든 자에게 방패시로다"(삼하 22:31)

따르기

저에게는 오직 주님 한 분뿐입니다
세상 친구들 떠나고 홀로 남았습니다

정들 수 없는 세상 풍파에 흔들리면서
그 무엇 하나 붙들 수 없는 삶 속에

같이해주시는 주님으로 만족하면서
잠잠히 주님만을 바라보고 나갑니다

우리 삶의 연수는 수고 슬픔뿐이지만
믿음으로 항상 이끌어 주시는 주님

불사르면서 자신을 태우며 재가 된
나무들의 그 슬픈 삶을 돌아보면서

나도 주님 사랑 불에 몸을 불태우며
주님만을 한없이 따라가기 원합니다

"나를 사랑하는 자들이 나의 사랑을 입으며
나를 간절히 찾는 자가 나를 만날 것이니라"(잠 8:17)

임하소서

마음 서글프고 쓸쓸한 추운 겨울에
오소서 예수님 나의 마음에 오소서

천하고 가난한 말구유에 오신 주님
비고 빈 제 마음에 속히 임하소서

허탄한 세상에 생명으로 오신 주님
이 어두운 마음에 빛으로 오실 주님

소리 없이 조용히 눈 내리는 아침에
저의 마음 안으로 속히 들어오소서

자비하신 주님 나의 갈한 마음속에
어서 임하소서 속히 들어와 주소서

"누구든지 내게 들으며 날마다 내 문 곁에서 기다리며
문설주 옆에서 기다리는 자는 복이 있나니"(잠 8:34)

넘치도록

자꾸자꾸 주시네
그 은혜 차고 넘치도록 주시네

이제는 다 됐다 싶으면
넘치고 넘치도록 채워주시는
믿음으로 가는 높고 가파른 언덕
거기에서 탄식하는 상한 영혼에게

그 사랑 매일매일 주시네
그 은총 차고 넘치도록 주시네

다 되어 끝났다 싶으면
또다시 부어주시고 또 주시는
슬픔 어린 골짜기 한 많은 인생길
서러워 울며불며 나가는 영혼에게

자꾸자꾸 주시네
그 사랑 차고 넘치도록 주시네

"나는 내가 사랑하는 자를 위하여 노래하되
내가 사랑하는 자의 포도원을 노래하리라
내가 사랑하는 자에게 포도원이 있음이여 심히 기름진 산에로다"(사 5:1)

은혜의 물

은혜의 바다로 깊이 잠수하면
요동 없는 물속이 좋아

거기서 흔들림 없는 마음을 보면
깊고 깊은 물이 좋아

어미 품 같은 따스한 물속
거기서 살다 보면 이것이 은혜

은혜에 몸 담그면 기운 나는 나
그래서 먹을 것을 찾고 힘을 내면

그곳만이 주님 계신 곳이니
내 마음은 편안해 영혼도 편안해

"너희가 손으로 하지 아니한 할례를 받았으니
곧 육의 몸을 벗는 것이요 그리스도의 할례니라"(골 2:11)

죄

내가 나를 사랑하는 것이
믿음이라는 것 알지 못했습니다

많은 어려움 속에 나를
사랑하지 못한 것 알지 못했습니다

모든 드러나는 고난이
나를 사랑하지 못한 일들 때문이면

몸 관리를 하지 못한 책임과
일찍 암 덩어리 도려내지 못한 책임

나의 영혼 몸을 사랑하지 못한 것이
죄라는 것을 알지 못했습니다

"사랑하지 아니하는 자는 하나님을 알지 못하나니
이는 하나님은 사랑이심이라"(요일 4:8)

나의 자아

우리가
주님을 소리 높여 부르지만
그것은 내 육신이 살아있는 증거

우리의
높아진 소리에 자아가 묻어나면
육신 소리만 나고 은혜는 사라져

우리가
육신에 젖어 사는 자아를 보면서
그 못된 나를 보는 것이 큰 은혜

우리의
그 나의 자아를 아는 것이 믿음
자아를 부인하는 것이 바른 믿음

"너희 몸은 너희가 하나님께로부터 받은 바 너희 가운데 계신
성령의 전인 줄을 알지 못하느냐 너희는 너희 자신의 것이 아니라"(고전 6:19)

이기는 믿음

세상에 슬프지 않은 이
그 누가 있나

힘들고 괴롭지 않은 이
그 어디에 있나

우리 가는 길에
아픈 일이 많고 많아도

매사에 힘들다고 하면
더욱더 힘들어지나

여기서 생각을 바꾸고
마음을 바꾸지 못하면

우리 어떻게 나아가나
어떻게 주님을 따라가나

어려움 이기는 일 없이
믿음으로 어찌 살아가나

"여호와는 네게 복을 주시고 너를 지키시기를 원하며…
그 얼굴을 네게로 향하여 드사
평강 주시기를 원하노라"(민 6:24-26)

기도만

모든 어려운 문제 앞에서 그 일이
나 때문이라는 것을 아니 나는 기도만 한다

모든 어려움이 닥칠 때마다
그 잘려나는 슬픔 앞에서 나는 기도만 한다

모든 시련은 고통뿐이지만
거기서 절망하는 사람이 나여서 기도만 한다

모든 일이 슬픈 사람이
근심에 젖다가 은혜에 감사해서 기도만 한다

모든 회의로 물든 사람이
마음에 차오는 사랑에 감사해서 기도만 한다

"형통한 날에는 기뻐하고 곤고한 날에는 되돌아 보아라 이 두 가지를
하나님이 병행하게 하사 사람이 그의 장래 일을 능히 헤아려
알지 못하게 하셨느니라"(전 7:14)

의지

이제 내 힘으로 하려던 것
다 내려놓습니다

내 힘으로 안 되는 것 아니
그대로 포기합니다

내 힘 맡기기만 하면
주님 해주실 것 믿습니다

주님만 의지하면
길이 열린다는 것 압니다

세상 삶도
주님 없으면 절대 안 되니

주님이 함께 해주시면
다 된다는 것 이제 압니다

"너희가 전에는 양과 같이 길을 잃었더니
이제는 너희 영혼의 목자와 감독 되신 이에게 돌아왔느니라"(벧전 2:25)

응답

내니 안심하라
너를 내가 왜 모르겠느냐

초롱초롱하던 내 눈망울이
나이 들어 늙어가도

그날의 젊은 눈망울을
내가 어찌하여 모르겠느냐

네가 나를 바라볼 때면
나도 신속히 문 열어놓고

너를 얼마나 기다렸는지
너의 작은 열성이

내 마음을 움직일 때면
너를 얼마나 기뻐하는지

너의 작은 정성을 보면서
얼마나 너를 기다렸는지

"이는 내가 이미 이 성전을 택하고 거룩하게 하여
내 이름을 여기에 영원히 있게 하였음이라
내 눈과 내 마음이 항상 여기에 있으리라"(대하 7:16)

믿음이라네

어디서나 이기려고 하지 말자
져주고 물러나는 것이 믿음이라면

세워주고 인정해 주는 것이
믿음이라네

어디서고 드러내려고 하지 말자
믿어 주고 도와주는 것이 믿음이라면

일으켜주고 세워주는 것이 또한
믿음이라네

어디서고 높아지려고 하지 말자
낮아지고 알아주는 것이 믿음이라면

안아 주고 보살펴주는 것이 또한
믿음이라네

"또 약속하신 이는 미쁘시니 우리가 믿는 도리의 소망을 움직이지 말며 굳게 잡고 서로 돌아보아 사랑과 선행을 격려하며"(히 10:23-24)

나누는 삶

주님
우리 안의 긍휼의 문이 열린다면
사람들과 나누면서 살아가게 도와주소서

주님
우리 안의 관용의 문이 열린다면
사람들과 나누면서 살아가게 도와주소서

주님
우리 안의 재능의 문이 열린다면
사람들과 나누면서 살아가게 도와주소서

주님
우리 안의 말씀의 문이 열린다면
사람들과 나누면서 살아가게 도와주소서

주님
우리 안의 사랑의 문이 열린다면
사람들과 나누면서 살아가게 도와주소서

"너희 안에 이 마음을 품으라 곧 그리스도 예수의 마음이니"(빌 2:5)

362

땅

너는 어디를 쳐다보는가
거기에 무엇이 있는가

네 목적이 땅에 있다면
그 땅을 정복해야 한다

기경되지 못하고
기름지지 못한 굳은 땅

소득이 안 되는 곳에서
어디를 쳐다보고 있는가

마음을 주목하지 못하고
왜 세상만 바라보는가

마음은 어떤가 황무한가
비옥한가 기름진가

그 마음의 형편을 모르면
믿음도 주님도 모르는 것

"이 세상이나 세상에 있는 것들을 사랑하지 말라 누구든지 세상을 사랑하면
아버지의 사랑이 그 안에 있지 아니하니"(요일 2:15)

그리스도의 편지

주의 인자하심과
겸손하심이 무엇인지

주의 완전하심과
온전하심이 무엇인지

주의 광대하심과
위대하심이 무엇인지

주의 죽으심과
부활하심이 무엇인지

주님의 부활 생명과
그의 구원이 무엇인지

드러내고 전하는 것이
우리 자신의 할 일

그리스도의 편지로
사는 것이 나의 사명

"너희는 우리로 말미암아 나타난 그리스도의 편지니 이는 먹으로 쓴 것이 아니요
오직 살아 계신 하나님의 영으로 쓴 것이며 또 돌판에 쓴 것이 아니요
오직 육의 마음판에 쓴 것이라"(고후 3:3)

시작할 이유

나는 아무것도 할 수 없어요
무슨 일을 어떻게 해야 할지
어떻게 주님을 감동시킬 수 있을지

나는 아무것도 할 수 없어요
내 마음이 바른지 그른지
어떻게 주님을 편하게 해드릴지

나는 아무것도 할 수 없어요
아는 것도 가진 것도 없는데
어떻게 주님 마음을 살필 수 있을지

나는 아무것도 할 수 없어요
그대로 바른 믿음이 되지 못해서
나 어떻게 주님을 기쁘게 해드릴지

나는 아무것도 할 수 없어요
내가 지금 어떻게 여기 있는지
나 어떻게 주님을 순종할 수 있을지

"내 은혜가 네게 족하도다 이는 내 능력이 약한 데서 온전하여짐이라"(고후 12:9)

오늘 하루

어려운 일이 있을 때
믿음이 얼마나 좋은지

힘든 문제 앞에서
주님이 얼마나 좋은지

주님이 계신 것을 아니
늘 주님만 의지하면서

그 안 되는 것도
안 되는 것을 통하여

감사로 받는 오늘
감사로 사는 오늘 하루

"일의 끝이 시작보다 낫고 참는 마음이 교만한 마음보다 나으니"(전 7:8)

글을 마치며

순수한 믿음의 고백으로 쓴 시

글을 마치고 보니 매우 부족한 것 같아서 마음이 아픕니다. 그러나 나의 머리 지식으로는 얼마든지 갈 수도 있지만 은혜로 쓰려고 마음을 먹다 보니 육신의 한계에 부딪치고 말았습니다. 글도 성령님이 주셔야 쓰는 것이지 제 마음대로 되지 못하는 것 경험하면서 부족한 글이지만 그대로 올려드림이 나의 할 일인 것 같습니다. 이 글이 하나님이 인정해 주시는 길이라면 하나님께 그대로 올려드리면서 이 글을 읽는 분들께 하나님을 사랑하고 믿는 소중한 기회가 되시기를 원합니다.

주님께 드리는 영혼의 고백인 이 글을 완성하기까지 인도해 주신 성령님의 그 놀라우신 은혜에 감사를 드립니다. 단지 글을 쓴 지 얼마 되지 않는 사이에 성령님의 인도하심을 한없이 경험하면서 글을 쉽게 쓰도록 인도해 주심이 무엇을 말하는지 체험하게 해주심에 깊이 감사를 드립니다.

시라는 글보다 순수한 믿음의 고백 속에 쓴 이 글이 하나님을 영화롭게 해드리고 이 글을 읽는 분들께 깊은 은혜가 되기를 소원하면서 끝까지 읽어주심에 깊은 감사를 드립니다.

– 강영희 드림

이 책을 읽고 받은바 은혜나
깨달음이나 기도 제목 또는 감사할 일을 적어 보십시오.

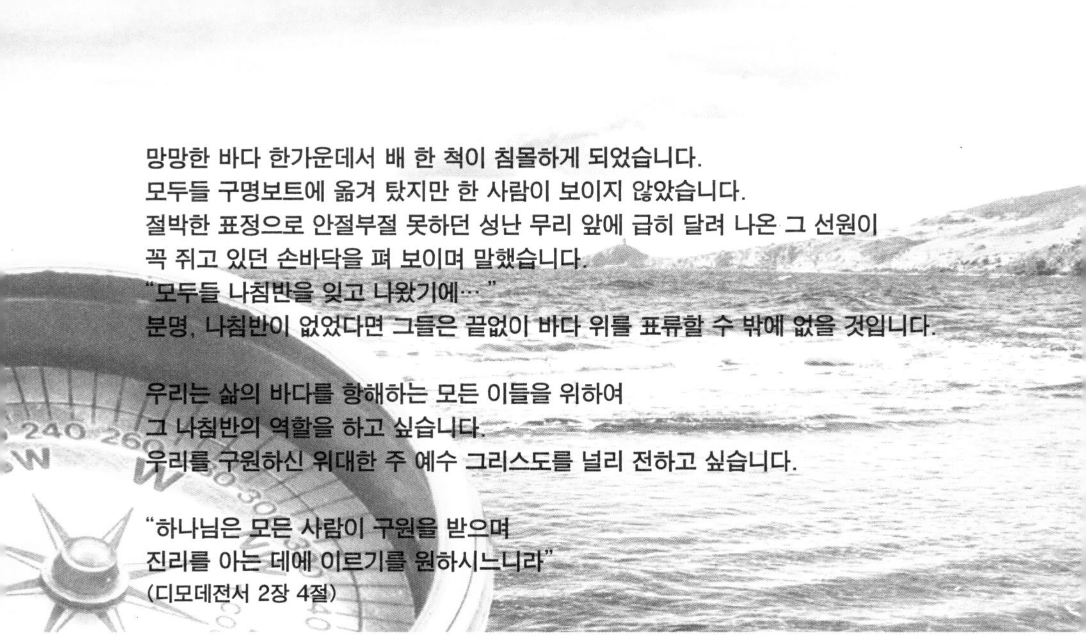

망망한 바다 한가운데서 배 한 척이 침몰하게 되었습니다.
모두들 구명보트에 옮겨 탔지만 한 사람이 보이지 않았습니다.
절박한 표정으로 안절부절 못하던 성난 무리 앞에 급히 달려 나온 그 선원이
꼭 쥐고 있던 손바닥을 펴 보이며 말했습니다.
"모두들 나침반을 잊고 나왔기에…"
분명, 나침반이 없었다면 그들은 끝없이 바다 위를 표류할 수 밖에 없을 것입니다.

우리는 삶의 바다를 항해하는 모든 이들을 위하여
그 나침반의 역할을 하고 싶습니다.
우리를 구원하신 위대한 주 예수 그리스도를 널리 전하고 싶습니다.

"하나님은 모든 사람이 구원을 받으며
진리를 아는 데에 이르기를 원하시느니라"
(디모데전서 2장 4절)

주님께 드리는 내 영혼의 고백시 365

지은이 | 강영희
발행인 | 김용호
발행처 | 나침반출판사

제1판 발행 | 2020년 5월 1일

등　록 | 1980년 3월 18일 / 제 2-32호
본　사 | 07547 서울특별시 강서구 양천로 583
블루나인 비즈니스센터 B동 1607호
전　화 | 본사 (02) 2279-6321 / 영업부 (031) 932-3205
팩　스 | 본사 (02) 2275-6003 / 영업부 (031) 932-3207
홈　피 | www.nabook.net
이　멜 | nabook365@hanmail.net
일러스트 제공 | 게티이미지뱅크

ISBN　978-89-318-1594-8
책번호　가-9078

값은 뒷표지에 있습니다.